Análise da configuração textual

MARIA DO ROSÁRIO LONGO MORTATTI

Análise da configuração textual

Doze variações do método

editora unesp

Direitos de publicação reservados à:
Fundação Editora da Unesp (FEU)
Praça da Sé, 108
01001-900 – São Paulo – SP
Tel.: (0xx11) 3242-7171
Fax: (0xx11) 3242-7172
www.editoraunesp.com.br
www.livrariaunesp.com.br
atendimento.editora@unesp.br

Dados Internacionais de Catalogação na Publicação (CIP) de acordo com ISBD
Elaborado por Vagner Rodolfo da Silva – CRB-8/9410

M887a Mortatti, Maria do Rosário Longo

Análise da configuração textual: doze variações do método / Maria do Rosário Longo Mortatti. – São Paulo: Editora Unesp, 2025.

Inclui bibliografia.
ISBN: 978-65-5711-291-5

1. Língua-portuguesa. 2. Literatura. 3. Configuração-textual. 4. Interpretação-de-texto. 5. Estudos-literários. 6. Melodia. 7. Ritmo. 8. Dodecafonia. I. Título.

2025-2495 CDD 469
CDU 81

Editora afiliada:

Asociación de Editoriales Universitarias de América Latina y el Caribe

Associação Brasileira de Editoras Universitárias

[...] não ponho *Tratado do método*, e sim *Discurso do método*, que é o mesmo que *Prefácio* ou *Advertência sobre o método*, para mostrar que não tenho intenção de ensiná-lo, mas apenas de falar sobre ele. Porque, como se pode ver pelo que exponho sobre o método, consiste mais em prática que em teoria, e chamo os ensaios que vêm depois de *Ensaios deste método*, pois pretendo que as coisas que contém não poderiam ser encontradas sem ele, e que através delas podemos reconhecer o que ele vale; assim como inseri alguma coisa de metafísica, de física e de medicina no primeiro discurso para mostrar que o método se estende a todos os tipos de matérias.

René Descartes

Sumário

Nota preliminar *9*
Ensaio para uma receita de papo de anjo *13*
Ensaio para uma receita de brevidade (Quase-partitura de um cânone como oferenda musical) *23*
Receita de ambrosia – peça didática *39*
Notas sobre linguagem, texto e pesquisa histórica em educação *45*
Entre o ideal e o usual: a *Didática Mínima*, de Rafael Grisi *55*
O livro de Alzira *81*
O caderno de Daniella: esboço de uma autobiografia intelectual *109*
Um livro-arraia *129*
Antonio Firmino de Proença, escritor didático, e a *Belle Époque* educacional paulista *139*
É isso! *175*

Referências *181*

Nota preliminar

Neste livro se encontram doze variações dodecafônicas sobre o tema principal: o método de análise da configuração textual. Esse tema – a melodia – é apresentado no ensaio de abertura e recapitulado, com variações de ritmo, harmonia, solos instrumentais, assuntos, formas de abordagem, nos textos seguintes e nas referências finais.

Os três primeiros integram a trilogia "O banquete": "Ensaio para uma receita de papo de anjo"; "Ensaio para uma receita de brevidade"; "Receita de ambrosia – peça didática (prólogo)". Os sete seguintes – arranjados em ordem cronológica de publicação – foram selecionados entre os que venho produzindo como artigos, capítulos de coletâneas e prefácios, resultantes de análises de diferentes tipos de textos com assuntos relacionados a educação e literatura. As referências finais complementam o diálogo entre a autora, os interlocutores citados e os leitores convidados.

O objetivo não é ensinar o método, apresentando a teoria e suas leis gerais, mas deixá-lo falar e tocar, como método em ação. É o tipo de atividade que se sabe fazer de modo intuitivo e metódico, mas a tentativa de explicá-la é sempre incompleta. Não há exatamente receita. Os primeiros ensaios foram iniciados há meio século, durante minha formação como estudante no curso de Letras. Nas leituras de e sobre literatura e nas análises de textos literários, fui aprendendo e praticando, conforme as necessidades das atividades acadêmicas daquela época. A prática foi se estendendo e se ampliando como professora da educação básica, de graduação e pós-graduação, como pesquisadora em formação no mestrado e no doutorado e, como docente na Unesp, com as atividades de pesquisa, sobretudo para a tese de livre-docência e para os trabalhos do grupo de pesquisa "História do ensino de língua e literatura no Brasil", que criei em 1994.

Fui ensaiando explicações mais organizadas aos poucos, motivada por demandas objetivas, como atividades didáticas na educação básica e na universidade, orientação de trabalhos acadêmicos, solicitação de colegas docentes e pesquisadores; para explicitar a fundamentação teórico-metodológica de meus projetos de pesquisa, publicações deles resultantes e outras atividades editoriais; e para compartilhar as reflexões na disciplina que ministro desde os anos 2000 no Programa de Pós-Graduação em Educação (PPGE) da Unesp – Universidade Estadual Paulista, campus de Marília.

A motivação mais recente foi a disciplina "Metodologia da pesquisa e análise da configuração textual", que eu e Michel Thiollent – professor convidado a quem agradeço pela parceria – organizamos e ministramos nesse PPGE em 2024. Inicialmente, apresentamos reflexões sucintas sobre a necessária coerência entre objetivos e fundamentação teórico-metodológica em projetos de pesquisa e a importância, na área de ciências humanas, em particular na educação, de se compreender o texto oral ou escrito como materialização linguística de discursos, demandando portanto a escolha de um método de análise que não se restrinja ao conteúdo, mas que possibilite interpretar o conjunto de aspectos inter-relacionados que conferem a singularidade dos sentidos do texto que se quer analisar e interpretar. Mais importante, porém, do que essa introdução, foi – conforme nossa avaliação e a dos alunos – a sequência das atividades com a apresentação e discussão de alguns de nossos artigos/ensaios publicados em revistas e livros, que contêm resultados de análises de textos de tipos diversos. Ou seja, nosso objetivo como docentes da disciplina não foi apresentar uma teoria sobre o método nem ensinar como se deve aplicá-lo, mas foi deixar o método falar e tocar, mostrando o modo como fazemos, em vez de como se deve fazer.

Assim faço também nesta coletânea de ensaios do método, como respostas a antigas e recentes solicitações e motivações. Ao mesmo tempo, como variações dodecafônicas em torno do tema de minhas investigações constantes de leitora e autora sobre o "enigma" do texto. O objetivo é mostrar que, por meio desse método, é possível encontrar sentidos de um texto que não se encontrariam sem ele e, por meio de sua utilização, pode-se reconhecer o que ele mesmo vale. Ao menos para os que, aceitando o convite para o diálogo, acompanhem as páginas que seguem, como partícipes de um banquete de elogio ao texto.

Maria R. L. Mortatti
Marília/SP, 17 de dezembro de 2024

Ensaio para uma receita de papo de anjo

O tema

Dos ovos prefiro as claras. O que fazer com as gemas que sobram aprendi com as freiras portuguesas. Assim nasceu este papo de anjo[1] que vem sendo ensaiado há muito tempo. Começou séculos atrás, engomando-se na lavanderia conventual; há décadas, prepara-se na cozinha da professora-pesquisadora; hoje é servido neste texto. Trata-se de uma tentativa de resposta ao desafio proposto por um companheiro de degustação de ambrosias.[2] Como variação sobre um tema: o método

1 Nos "[...] conventos portugueses, no final do século XV [...] entre uma novena e um outro trabalho qualquer, as religiosas descobriram um jeito mais 'doce' de levar a vida ao destinar à cozinha as gemas que sobravam dos ovos que tinham suas claras usadas para engomar os hábitos. E criaram uma variedade de receitas de doces que ultrapassaram não só as barreiras do claustro como dos séculos". (Disponível em: https://www.otempo.com.br/pampulha/estilo/dos-deuses-1.10176. Acesso em: 15 dez. 2024)

2 Referência a *Receita de ambrosia – peça didática* (Mortatti, 2020a), cujo prólogo está publicado neste livro.

de análise da configuração textual. Em estilo de ensaio[3] de um registro escrito de receita, como as de mãe, avó e... freiras. Perfeitas no planejamento e na execução. Sabidas de memória, tocadas de ouvido. Imprecisas na explicação: "Um punhado disso, uma pitada daquilo, deixa um tempinho no forno... Não tem segredo. É só experiência. Vamos fazer juntos? Mostro como é".

Primeiras variações

Não sei situar exatamente quando se iniciou minha preocupação em pensar o método. Com certeza a necessidade e a empiria precederam a teoria. A vivência precedeu a experiência e os ensaios de elaboração conceitual. Com estudante do curso de Letras, entre 1972 e 1975, aprendi a analisar textos, principalmente de acordo com a estilística dos professores mais "tradicionais" do curso ou o estruturalismo, tendência teórica dos mais afinados com o clima dos anos 1960-70.

3 Utilizo o vocábulo "ensaio" no sentido de experimentação, tentativa, estudo e também como designação de um gênero discursivo, que: "[...] desafia gentilmente os ideais da *clara et distincta perceptio* e da certeza livre de dúvida". [...] "Todos os seus conceitos devem ser expostos de modo a carregar os outros, cada conceito deve ser articulado por suas configurações com os demais. No ensaio, elementos discretamente separados entre si são reunidos em um todo legível; ele não constrói nenhum andaime ou estrutura. Mas, enquanto configuração, os elementos se cristalizam por seu movimento. Essa configuração é um campo de forças." [...] "É inerente à forma do ensaio sua própria relativização: ele precisa se estruturar como se pudesse, a qualquer momento, ser interrompido. O ensaio pensa em fragmentos, uma vez que a própria realidade é fragmentada [...]." [...] "O ensaio é, ao mesmo tempo, mais aberto e mais fechado do que agradaria ao pensamento tradicional" (Adorno, 2003, p.31, 35, 37).

Talvez a origem de modo mais consciente do conceito e do método tenha ocorrido em meados dos anos 1980, no período em que eu redigia a dissertação de mestrado. O objetivo era compreender o que havia nos livros de literatura infantil e juvenil de que meus alunos da educação básica diziam gostar. A pergunta "por que gostavam?" me obrigou a ampliar a reflexão, como avaliei depois no prefácio que escrevi para a segunda edição de *Leitura, literatura e escola:* sobre a formação do gosto (Magnani, 2001), resultante da dissertação.

> Para isso, empreendeu uma análise dos livros do corpus, de acordo com o que definiu pela primeira vez de maneira mais sistemática como aspectos "intratextuais", "extratextuais" e "intertextuais", proposta de abordagem que serviu de base para a formulação, após muita leitura e pesquisa, de um método que passou a denominar de "análise da configuração textual", sistematizado e aplicado na análise de diferentes tipos de textos, e veiculado em livros e artigos publicados pela autora desde então.
>
> [...] esse método possibilita que se enfrentem vários dos problemas envolvidos na atividade crítica, especialmente a tendência à redução do processo analítico a aspectos isolados da configuração textual, como, por exemplo, àqueles constitutivos da "camada mais aparente" (o que e como), ou àqueles que remetem à sobredeterminação do contexto histórico e social e suas marcas ideológicas (quando, onde, por quê, para quê), ou àqueles que se relacionam com aspectos biográficos do autor (quem), ou, ainda, àqueles que enfocam o processo de recepção por parte do leitor previsto (para quem) e suas formas de utilização na escola. Dada sua condição de texto verbal escrito, resultado de um tipo particular de atividade de, com e sobre linguagem, os sentidos e as

> explicações podem ser "encontrados" no conjunto dos aspectos constitutivos da configuração do texto, ponto de partida e de chegada do trabalho investigativo.
>
> Trata-se, portanto, de um ato de interpretação centrado no conceito operativo de configuração textual, com base no qual o pesquisador deve interrogar os textos de literatura infantojuvenil na posição de um leitor crítico e distanciado – porque envolvido –, que deve produzir um discurso crítico sobre um discurso literário específico. Para tanto, é preciso analisar todos os aspectos da configuração textual – utilizando-se também de métodos e procedimentos advindos da crítica e da teoria literárias assim como da pesquisa em educação –, o que permite: por um lado, produzirem-se sentidos autorizados que conferem singularidade a determinado texto [...] e contribuir para a construção da identidade específica do gênero e do campo de conhecimento; e, por outro lado, contribuir também para o trabalho de professores – do ensino fundamental, especialmente –, oferecendo-lhes possibilidades de conhecer outros modos mais fecundos de ler e abordar textos de literatura infantojuvenil na escola, a fim de que, evitando aceder aos apelos da trivialização do gênero e de certa pedagogia da facilitação, possam interferir de maneira crítica na formação do gosto estético dos leitores crianças e jovens. (Magnani, 2001, p.XVIII)

Na tese de doutorado em Educação, as reflexões se expandiram. Por meio de pesquisa documental e bibliográfica, com abordagem qualitativa/metodologia da pesquisa-ação com estudo de caso – também autobiografia de uma professora –, tematizei a formação de professores para o ensino de língua e literatura e apresentei uma proposta para o ensino de língua portuguesa e literatura, o que resultou na tese publicada no livro *Em sobressaltos: formação de professora* (Magnani, 1993).

Com base nos pressupostos teórico-metodológicos da pesquisa qualitativa e da pesquisa de fundo histórico e por meio de um estudo de caso apresentado de acordo com as características da epopeia, enfoco nessa tese o problema da formação de professores, em particular a formação de uma professora de língua e literatura. Fundamentada em pressupostos teóricos marxistas, discuto a hipótese de que o sujeito se forma no trabalho, movido por utopias e sobressaltado pelas contingências, ou seja, o professor se forma no processo de formação por outros e de outros, e a especificidade do ofício de ensinar consiste em um trabalho metacognitivo, de reflexão sobre o conhecimento, em que se produz uma proposta de ensino.

– sobressalto: revolução conceitual – choque entre certeza e dúvida metódica, entre teoria e prática (configuração saturada de agoras)

[...] Não havia modelos específicos em que pudesse me basear. Havia apenas certas teorizações a esse respeito assim como as muitas questões que fui formulando, como desafios a ser enfrentados [...]

O problema: o que significa tomar o texto como objeto de estudo e unidade de sentido e de ensino na matéria/disciplina língua portuguesa?

Produzir e interpretar um texto não se confunde com elaborar/seguir ou responder a roteiros e perguntas. É preciso buscar o princípio de interpretabilidade do texto, que lhe garante constituir-se como unidade de sentido, considerando-se para isso as dimensões discursivas [...]

A configuração textual:

> O que faz com que um escrito se caracterize como este texto? O que seriam unidade e coerência que, em determinada situação discursiva, organizam as diversidade de textos e orientam o sentido para uma mesma direção?
>
> [...] Como dizer o que quero, para atingir os objetivos que tenho, nas condições que tenho e como ler o que se queria dizer, para atingir os objetivos que se imaginam possíveis, nas condições que se supõem, tudo isso envolve também os conhecimentos que se vão produzindo sobre as diversas configurações do texto. Utilizo aqui o termo "configuração" para significar o processo de articulação entre opções (temas e procedimentos) e propósitos que presidem a produção e leitura do texto em determinada situação discursiva. (Magnani, 1993, p.275, 367, 292, 294)

Com o ingresso na Unesp, como docente e pesquisadora, dei continuidade a reflexões e prática do método de análise da configuração textual, mais sistematicamente no programa do Grupo de Pesquisa História do Ensino de Língua e Literatura, que criei em 1994, e na tese de livre-docência de 1997, publicada no livro *Os sentidos da alfabetização: São Paulo, 1876/1994* (Mortatti, 2000a), em que também analisei a configuração textual de muitos documentos-fontes, como, entre outros, o livro *Testes ABC:* para a verificação da maturidade necessária ao aprendizado de leitura e escrita, de Lourenço Filho. Apesar de serem breves tentativas de explicação e formulação, tornaram-se modelo de utilização do método, sobretudo para orientandos utilizarem em seus trabalhos acadêmicos em história da educação, com análises de fontes documentais.

No caso da pesquisa de livre-docência, a escolha dos documentos escritos (impressos ou manuscritos) como fontes foi motivada por sua condição de texto verbal, resultante de um trabalho discursivo, consciente ou não, de determinado(s) sujeito(s) do momento histórico em que foram produzidos assim como de seus pósteros, para os quais continuaram a existir, manipulados, seja pelo combate acusatório, seja pelo esquecimento silencioso e nem sempre inocente.

É claro que todo ato interpretativo desse tipo impõe ao intérprete a necessidade de produzir discursivamente o objeto de investigação, com base na problematização de dados que não "falam por si" e não devem ser confundidos com o objeto em si. Assim também os documentos-fontes "[...] só falam, quando se sabe interrogá-los" (Bloch, [1987], p.60).

Por essas razões e por entender a linguagem como forma de interação humana, produzida e atuante sobre um fundo de discurso e não de silêncio (Foucault, 1972) e que utilizar a língua "é bem mais do que representar o mundo: é construir sobre o mundo uma representação", é agir sobre o outro e sobre o mundo, constituindo-se o sujeito do discurso como o "lugar de uma constante dispersão e aglutinação de vozes" (Geraldi, 1996, p.52), social, histórica e ideologicamente situadas, os documentos-fontes são aqui tratados como configurações textuais, mediadoras na busca de compreensão, explicação e interpretação do que foi, em cada momento, o fazer e seu sentido relativamente à alfabetização, de que resulta, de acordo com a apropriação que deles faz esta pesquisadora, a produção do objeto, ao longo do texto escrito em que se apresenta o resultado do trabalho investigativo.

Por meio da expressão "configuração textual", busco nomear o conjunto de aspectos constitutivos de determinado texto, os

> quais se referem: às opções temático-conteudísticas (o quê?) e estruturais-formais (como?), projetadas por determinado sujeito (quem?), que se apresenta como autor de um discurso produzido de determinado ponto de vista e lugar social (de onde?) e momento histórico (quando?), movido por certas necessidades (por quê?) e propósitos (para quê?), visando a determinado efeito em determinado tipo de leitor (para quem?) e logrando determinado tipo de circulação, utilização e repercussão. É, portanto, a análise integrada desses aspectos que propicia ao investigador: reconhecer e interrogar determinado texto como configuração "saturada de agoras" (Benjamin, 1985) e "objeto singular e vigoroso" (Starobinski, 1988); e dele produzir uma leitura possível e autorizada, a partir de seus próprios objetivos, necessidades e interesses. (Mortatti, 2000a, p.30-1)

Apresentei o primeiro ensaio específico sobre o método no artigo "Notas sobre linguagem, texto e pesquisa histórica em educação" (Mortatti, 1999). Talvez essas notas tenham sido a formulação e a explicação mais didáticas. Apesar de imprecisas, auxiliaram-me e a meus orientandos na compreensão do método e sua utilização, especialmente na pesquisa histórica. E geraram necessidade de detalhamento, por meio de minicursos e disciplinas sobre o método, que ministrei no PPGE – Unesp – Marília.

O método em ação

A mim, as tentativas de explicação parecem sempre insatisfatórias. Como ultrapassar os limites da linguagem para expressar as possibilidades de interpretação dos sentidos de um texto?

Como escapar das armadilhas de tentar formular receitas para o que se aprende a fazer fazendo, como parte de processos de formação humana, intelectual e afetiva de leitores, para, mais do que decodificarem sinais gráficos ou parafrasearem conteúdos textuais, que consigam ler almas configuradas em textos? Como descrever o sabor das iguarias?

Há diferentes modos de se chegar a um texto ou de ser escolhido por ele. Pelo afeto, pela imposição, pelo acaso. Há diferentes motivos e finalidades que definem o modo de ler um texto. No entanto, com certeza, analisar não significa buscar o que não escondem "por trás", não demandando operações de "desvelamento" ou "desnudamento". Os sentidos podem ser "encontrados" *dentro* da configuração textual, ponto de partida e de chegada da atividade especificamente humana de ler e interpretar a linguagem verbal.

Meio decisão consciente, meio opção possível. Melhor, então, deixar o método falar, o que venho fazendo por meio de outras variações de ritmos, harmonias, instrumentos, em ensaios e artigos com análise de textos de diferentes tipos e assuntos, em especial os relacionados com literatura e educação, áreas para as quais posso mais diretamente contribuir. As claras estão presas nos hábitos engomados. Então, o melhor mesmo é deixar o método falar, de modo melódico: recolher as gemas, bater fortemente, assá-las em forminhas, mergulhá-las em calda quente. Depois, é só se entregar ao papo de anjo que conduz os convidados para o banquete da degustação de e com todos os sentidos e sensações que podem ser despertados somente pela e na experiência da erótica textual.

Ensaio para uma receita de brevidade (Quase-partitura de um cânone como oferenda musical)[1]

1. Da jornada

Escrever é uma longa jornada da alma, vagando entre infernos, purgatórios e paraísos. Em que me lanço, quando afetada por uma experiência profundamente humana. Como um chamado de pessoas e terras estrangeiras.[2] Provocada pelo desejo de compreender e condensar em palavras sensações ameaçadoramente dispersas. Fragmentos de um discurso amoroso.[3]

---

1 Publicação original: Mortatti (2020b). Para republicação neste livro, excluí grande parte das notas explicativas que foram necessárias conforme contexto de produção e destinação originais. Os leitores interessados em conhecer todas as notas podem consultá-las na publicação original, referenciada acima.

2 Referência ao título da peça musical *Kinderscenen*, op. 15, 1838, n.1. *Von fremden Ländern und Menschen* [De terras e pessoas estrangeiras] do músico e compositor alemão Robert Schumann (1810-56).

3 "Substituiu-se, então, à descrição do discurso amoroso sua simulação, e devolveu-se a esse discurso sua pessoa fundamental, que é o *eu*, de modo a pôr em cena uma enunciação e não uma análise. É um retrato, se quisermos, que é proposto; mas esse retrato não é psicológico; é

Brevidade que se completa ao se desfazer. Tocada pela língua, umedecida de saliva, grudada nos dentes. Degustada em um íntimo bocado. Efêmero. Único. Sublime. Desafiando a fome insaciável e a sede infinita. Intenso suspiro. Respiração suspensa. Sintaxe em suspeição. Entrecortada por lâminas. Incisas encravadas. Que não se submete à sensatez. Controversa. Incoerente. Desajuizada. Coordenativamente insubordinada. Elíptica. Enigmática. "Decifra-me ou te devoro."

Procurando a clave[4] e a armadura para modular o caos. Registrar as notas. Definir a duração do compasso. Em semibreves.[5] Escolher o timbre. Tonalidades relativas e modos transpostos. Tensamente instáveis. Dissonâncias em busca de resolução. O cânone[6] perpétuo. Polifonicamente[7] solitário. Que se desdobra em vozes sucessivas. Derivações em contraponto.

---

estrutural; ele oferece como leitura um lugar de fala: o lugar de alguém que fala de si mesmo, apaixonadamente, diante do outro (o objeto amado) que não fala" (Barthes, 1985, p.1).

4 Referências cruzadas: ao poema "Trouxeste a chave", de Carlos Drummond de Andrade, e ao termo musical "clave", do latim *clavis* ("chave", em português). Sinal que se coloca no início da pauta/pentagrama (as cinco linhas da partitura musical), para indicar ao músico como lê-la. Ao lado da clave se insere a armadura, para indicar como as notas devem ser tocadas.

5 Semibreve é o nome da figura rítmica de maior duração usada atualmente na notação musical padrão, como referência para a duração do compasso musical.

6 "Cânone" é uma forma musical polifônica em que o tema é cantado pela primeira voz e, em intervalos de tempo, por outras vozes que a imitam.

7 Polifonia – diversidade de vozes diferentes ou controversas em um texto – é também conceito-chave na obra do linguista russo Mikhail Bakhtin (1895-1975).

Variações sobre um tema. Solidárias. Cada uma delas marcada por circunstâncias e vicissitudes. Compassada pelas condições objetivas e subjetivas de composição da humana experiência.

Como as que motivaram este texto. Receita-quase-partitura de um cânone. Como uma modestíssima oferenda musical.[8] Provocada pelo "*Thema regium*". Dedicada ao rei que me desafia. Que se interpreta, com licença poético-musical, como ensaio no corpo do texto: intimidade exposta na boca da cena; notadamente aguda em transgressão e risco. Que se explica nos bastidores, com notas graves, à boca pequena, subordinada e obediente às regras didáticas e científicas: ingredientes e modo de preparo, instrumentos e modo de execução. Que responde ao chamado da companheira que me convidou para essa jornada. Desejando com ela compartilhar o afeto. E convidar outras vozes para a sucessão de escalas, acordes, intervalos. De tempos e contratempos. Versos e contraversos. Timbres e tons. Tessituras e registros. Instrumentos e arranjos. Melodias e harmonias sobrepostas. Tocadas em fuga.[9] Cantadas em coro. Cantochão.[10] *A capella.*[11] Aquecidas em *vocalise.*[12] Afinadas e bem

---

8 A *Oferenda musical* (em alemão *Musikalisches Opfer ou Das Musikalische Opfer*) é uma coleção de cânones, fugas e outras obras do compositor e músico alemão Johann Sebastian Bach (1685-1750), baseada num tema musical de Frederico II da Prússia (Frederico, o Grande) e a ele dedicada.

9 "Fuga" é uma forma de composição musical em contraponto e polifônica, envolvendo a repetição e variação de um tema principal.

10 "Cantochão" (canto gregoriano) é um canto tradicional da liturgia católica, pautado em textos litúrgicos.

11 *A cappella* (italiano) designa a música vocal sem acompanhamento instrumental.

12 *Vocalise* é um exercício de canto sem palavras sobre uma vogal.

temperadas.[13] Prováveis. Intensas. Até se desmancharem no céu da boca. *Chiusa.*[14] Destino das brevidades.

2. Das ambrosias

ambrosia

sf

1 MIT Alimento dos deuses do Olimpo que dava e conservava a imortalidade; manjar dos deuses.

2 POR EXT Comida ou bebida com cheiro e sabor deliciosos.

3 CUL Doce feito com leite e ovos cozidos na calda de açúcar, aromatizado com baunilha.

4 FIG Aquilo que proporciona grande prazer.

ETIMOLOGIA gr ambrosía.

(http://michaelis.uol.com.br/busca?id=1m0o)

Em 1988, escrevi o poema "Receita de ambrosia", provocada e inspirada pela pergunta de uma aluna do curso de formação de professores.[15]

---

13 "Temperamento musical" é um esquema de ajustamento da afinação de uma escala musical.

14 *Bocca chiusa* (italiano) é uma técnica vocal que consiste em cantar com a boca fechada.

15 Trata-se dos Cefam (Centro Específico de Formação e Aperfeiçoamento do Magistério), criados pela Secretaria de Educação do Estado de São Paulo e instalados em algumas escolas e cidades paulistas, em substituição à Habilitação Específica para o Magistério – 2º grau. Entre 1988 e 1991, lecionei no curso de formação de professores em nível de 2º grau (hoje, ensino médio) do Cefam-Campinas.

Receita de ambrosia

Entre comer e saber comer, a diferença é apreciável...
Dona Benta

"Professora, como você prepara suas aulas?"
(Ou terá sido: "Como você ama?")

1º ato: O ensaio
– imagino as necessidades orgânicas e as fantasias do paladar;
– penso no prato do dia: o que quero compartilhar?;
– projeto o requinte do ritual da última ceia;
– busco receitas nas prateleiras das estantes e ingredientes nas despensas da memória;
– elejo o que se ajusta ao tempo e formas que não tenho;
– tempero: o agora de depois;
– preparo: misturo-sinto-palavreio-experimento-penso-saboreio
– entrego-me: fogo forte, fervura; fogo brando, vigília.

2º ato: O ritual
– convido: senta-se à mesa comigo? o prazer é todo meu;
– o aperitivo, sinfonia de cristais, a toalha, cenário de linho, a entrada, dança de olhos-farfalhar de pernas, o prato principal, pantomima de línguas-sussurro de talheres, a sobremesa, entremeio de sabores, o café, teia de sensações, o licor, arremate do sabor.

3º ato: A solidão
– repouso: foi bom, meu bem?;
– enfim!;

– fecho portas, recolho sobras, giro botões, apago luzes;
– re-me-moro, re-te-moro? re-projeto, te revejo?
"E vocês, como saciam a fome?"
(M.R. – 1/7/88)[16]

Trinta e um anos depois, escrevi outro texto sobre formação de professores. Retomando aquele. Dessa vez, atendendo ao chamado de outra companheira de jornada. Hoje colega, professora universitária, para cuja formação como professora e pesquisadora tive a satisfação de contribuir. Fui sua professora de "Metodologia do ensino de língua portuguesa" e de "Literatura infantil", no curso de Pedagogia, e orientadora de suas pesquisas sobre história do ensino da leitura e escrita, no mestrado e no doutorado em Educação. Integrou a que considero ser a última geração de estudantes que eu formara para o magistério até então. Assim como outros tantos jovens aos quais eu podia dizer, com certeza: "Vocês são '*la crème de la crème*'".[17] Companheiros de jornadas da alma e do corpo. Oferecia-lhes ambrosias. Acolhiam. Preparamos e saboreamos juntos. Regadas de afeto. Muitas "no ponto". Algumas nem tão doces. Outras amargas. Experimentamos a sábia lição de dona Benta: "A diferença entre comer e saber comer é apreciável". Aprendemos o prazer do preparo e da degustação solidária do manjar dos deuses. E a interlocução fecunda de pessoas mortais, imperfeitas, mas inquietas, sensíveis e desejantes. Nossas histórias compartilhadas de vida e de formação de professores estão perenizadas

16 Publicado originalmente em Magnani (1993).

17 Expressão em francês, cuja tradução é "a nata da nata", o que há de melhor em algo ou alguém.

em tantos textos. Presentes em tantas dedicatórias e mimos memoráveis: Cervantes, Cecilia, leque, perfumes, vinhos, taças, xícaras, caneca, canetas, caderninhos de anotações, flores...

Sem inócua nostalgia, nem acacianos[18] conselhos: os tempos mudaram, embora muitas coisas boas e ruins permaneçam, se repitam ou se desdobrem. O mundo, o país, a educação, a escola, os alunos e eu também. No entanto, não perdi a esperança na educação e no magistério, nem a esperança de que ao menos as perguntas-lâminas continuem se renovando, inquietando, incomodando. E sua incompreensão provoque outras tantas e suas possíveis respostas-perguntantes. Com tempo. No tempo. Nem perdi a capacidade de me indignar com a indiferença e inapetência daqueles a quem, obstinadamente, tento ensinar a fome, oferecer a faca e o queijo... e as ambrosias. Também não me esqueci da compreensão, realista e, por vezes, consoladora: formação de professores é parte do processo de formação humana. Que não se submete a controle. Confrontado com as urgências. Sobressaltado por contingências.

Disso tratei naquele outro texto também. Como peça didática. Inspirada em Brecht. Síntese de quatro décadas de formadora de professores. De sempre renovado convite à polifonia. Canônica. Em clave de sol. Em clave de fá. Luminosidade e gravidade. Tons e semitons. Elevados em sustenidos.[19] Sempre esperançosa de que à primeira voz venham se juntar outras

18 Referência ao conselheiro Acácio, personagem do romance *O primo Basílio*, de Eça de Queirós, cujas características deram origem ao termo "acaciano" para designar as convencionalidades e a mediocridade de pseudointelectuais.

19 "Sustenido" é um sinal de notação musical à esquerda da nota musical para indicar que ela deve ser elevada em um semitom.

e outras e outras. Para ensinar e aprender a apreciar o sublime. Como aprendi com os que me ensinaram. Para poderem ensinar a outros que ensinarão a outros... Embora sempre impactada no confronto com a solidão docente. Apesar do genuíno esforço de muitos alunos. Alguns, poucos, muito poucos, hoje conseguem acolher o chamado, vislumbrar o encanto, se lançar ao desafio, enfrentar o desconhecido. Confiantes no amparo de quem ensina. Para a maioria, a grande maioria, infelizmente, é apenas um convite de pessoas e terras muito distantes, que desconcerta e imobiliza o pensamento e a ação. Uma jornada inimaginável, insondável, inatingível e temida. Diante da qual recuam e se fecham. Em silêncio. Mesmo quando insisto em oferecer e provocar. Como constato com certa tristeza no epílogo da peça didática. Um coro quase inaudível que provavelmente ficará, mais uma vez, sem respostas.

Epílogo

Coro:
Nosso trabalho foi bem-sucedido?
Vivenciamos os ensinamentos
do processo discursivo e do interacionismo linguístico:
aos crédulos bem-intencionados,
o espanto com a regra;
aos oprimidos,
a consciência do abuso;
aos conscientizados,
a experiência da mudança.
Nosso relato nos mostra o quanto
é necessário para transformar,

ao menos a educação brasileira
e o ensino de língua e literatura:
conhecimento e inconformismo.
indignação e resistência,
intervenção rápida, profunda ponderação,
muita coragem, infinita perseverança,
compreensão da parte e compreensão do todo:
só ensinados pela realidade é que podemos
transformar a realidade.
O que fazer, então?
Que decidam os participantes de nossa jornada![20]

3. Da solidão docente

Tarde de domingo. Férias de janeiro. Fui ao shopping center, para caminhar abrigada da chuva e com o pretexto de procurar um enfeite qualquer. Para renovar a decoração da casa. Escolhi uma loja atraente, peças dispostas como convite. Logo me recepcionou uma jovem bonita, muito arrumada, com maquiagem caprichada. Pareceu-me que a conhecia. O olhar, o sorriso eram familiares. Provavelmente uma de minhas ex-alunas do curso de Pedagogia. Olhei-a fixamente nos olhos. Agradeci pela acolhida entusiástica. Aguardei que ela me reconhecesse. Para não criar nenhum constrangimento, comum nesses momentos de professora fora da sala de aula. Mas não! Ela não me deu nenhum sinal. Continuou me atendendo como cliente

20 Paráfrase, com muitas adaptações, do epílogo da peça *A decisão* ([1929-31] 1992), do dramaturgo e poeta alemão Bertolt Brecht (1898-1956).

recém-conhecida. Com perguntas, informações e sugestões de vendedora bem treinada, zelosa e simpática. Agradeci. Incomodada e pensativa. Disse que ia somente olhar. Ela me acompanhava a uma distância discreta, cuidadosamente calculada, vigilante. Virei-me para perguntar o preço de uma peça. Informou com agilidade. Destacou as qualidades, certamente para justificar o preço. Mas nada! Nenhuma palavra. Nenhum sinal que pudesse indicar que nos conhecíamos. Agradeci novamente. Continuei circulando pela loja. Nem prestava muita atenção no que via. A dúvida me incomodava. Até que me virei e a vi de novo, à minha frente. Não resisti. Perguntei seu nome:

— A., disse ela.

Meu susto foi grande:

— Então você foi minha aluna no curso de Pedagogia! Agora me lembro de seu nome, seu sorriso e seu olhar. Você sempre participava das aulas, perguntava suas dúvidas... Até cito falas suas num texto que escrevi recentemente. Não se lembrou de mim? Mesmo?

— Não...

— Que situação estranha! É comum que professores não se lembrem dos alunos. No meu caso, até muito justificável. Afinal são mais de quarenta anos de profissão e milhares e milhares de alunos, em diferentes cidades e estados. Às vezes, olhando fixamente nos olhos, reconheço alguns, os mais recentes. Nem sempre consigo relacionar a pessoa com o nome. Mas nunca vi caso de aluno que não se lembre de professor! Vocês veem a professora durante três a quatro horas uma vez por semana, durante um semestre letivo! Que coisa estranha!!!

Com um jeito dissimulado e, de novo, bem treinado, perguntou:

— A senhora é a professora...? Qual mesmo é seu nome?

Respondi com espanto! E ela finalmente concordou que me conhecia:

— Ah, sim. Agora me lembro! Achei que a conhecesse quando a senhora entrou, mas não tive certeza...

— Nossa! Será que mudei tanto assim? É verdade que a gente envelhece... A fisionomia pode mudar... Mudei, mesmo, nos últimos anos. O tempo passa... Em que ano você se formou?

— Ah! Foi no fim do ano passado!

— Não diga!!! Não pode ser! Então faz só um ano e meio que fui sua professora![21]

— Pois é...

Decidi não encompridar aquela conversa. Estava desnorteada. Continuei caminhando devagar pelo interior da loja. Intercalava uma breve conversa, um olhar para alguma peça de decoração, um olhar para ela. Cumpria a função de cliente. Uma vez reconhecida, optei pelo comportamento protocolar em encontros com ex-alunas:

— E aí? O que você pretende fazer na profissão de professora? Ou vai continuar como vendedora?

— Eu não vou seguir a profissão, não. Fiz estágio,[22] terminei o curso. Até gostei. Aprendi muito. Mas também sempre gostei de contato com o público. E estou me acostumando e gostando deste trabalho: loja bonita, a gente sempre arrumada,

---

21 Refiro-me à disciplina "Conteúdo, metodologia e prática de ensino: língua portuguesa e literatura infantil", que ministro para as turmas do 3º ano do curso de Pedagogia da FFC-Unesp-Marília.

22 Trata-se de estágio curricular obrigatório do curso de Pedagogia, que deve ser realizado em escolas de educação infantil e ensino fundamental (do 1º ao 5º anos).

conversa com o público, salário melhor... Ainda estou treinando e aprendendo. Mas gosto muito...

— Bem, você tem de fazer o que a deixa feliz. E parece muito bem aqui...

— Vamos ver! Estou me empenhando...

Elogiei a performance como vendedora. Eu nem tinha reconhecido... Desejei sucesso na nova profissão. Agradeci pela atenção. Saí, dizendo que ia pensar nas peças que tinha visto. Se decidisse, voltaria para comprar.

Nem um cafezinho para me acalmar. Andei a esmo. Olhando vitrines desnecessárias. Impactada. Será que eu é que mudei tanto assim em um ano e meio? Minha fisionomia estava tão irreconhecível?

Lembrei-me das falas de A. em sala de aula e na avaliação final da disciplina. Estão registradas, como as de outros alunos, na peça didática sobre formação de professores como processo discursivo...:

> ALUNA A.: Entendi que a diferença é que para ser texto tem de ter autor, e trabalho é da "função aluno", como na "redação escolar" que Geraldi fala naquele artigo, quando ele compara a redação "A casa é bonita", do aluno que foi aprovado no primeiro ano, com o texto "menino pionhento", que foi reprovado no primeiro ano.[23]
>
> ALUNA A.: [...] Preciso dizer que me senti mal em muitas aulas. Vou ler o que escrevi: "Eu achava que sabia fazer bons

---

23 Trata-se do artigo "Escrita, uso da escrita e avaliação", que integra a coletânea organizada por João Wanderley Geraldi (1984). É um dos livros de leitura obrigatória na disciplina que ministro no curso de Pedagogia.

trabalhos para sua disciplina. Sempre tirei nota boa. De repente chega alguém e te mostra que não é nada disso, que não é por aí... Fiquei pensando: que tipo de professor vai ser eu, sem conhecer uma das coisas mais importantes? Vou chegar lá e ensinar o que aprendi? Formar do mesmo jeito que fui formada? Ser um professor 'meia-boca' e achar que está tudo bem? Não! Não quero ser esse professor, eu quero chegar à sala e assim como você, ser culta, ter conhecimento, fazer pensar, desestruturar meus alunos".

E era justamente nessa peça didática que eu estava pensando, quando decidi espairecer, procurando futilidades domésticas... Pensava em iniciar o ano letivo com a nova turma pedindo que lessem a peça que escrevi para todos os meus alunos. E que, talvez tolamente, imaginava ter escrito *com* eles, também... Seria um bom começo. Síntese e apresentação de minha proposta de formação de professores que se formam no trabalho de formação de e por outros. Como eu. Também formada por outros. E poderiam ouvir as vozes dos colegas que os antecederam. Retomá-las. Concordar ou se contrapor. Dizerem o que pensam e o que esperam da disciplina. Era justamente nisso que eu pensava, quando encontrei a ex-aluna. Que não se lembrava de eu ter sido sua professora...

Nem quis aprofundar muito as reflexões. Certamente ela me reconheceu. Mas por que a dissimulação, sustentada com obstinação? Sentiu-se constrangida por eu tê-la encontrado trabalhando no comércio? Receava que a professora se lembrasse de algum episódio que a desabonasse na frente das colegas vendedoras? Burburinho altissonante. Monofonia. Outras perguntas-lâminas. Sem respostas breves, nem semibreves, nem mínimas.

4. Das brevidades

brevidade

sf

1 Qualidade do que é breve.

2 Curta duração.

3 Qualidade ou característica do que é conciso; concisão, laconismo, sintetismo.

4 Bolinho feito de polvilho (ou araruta ou maisena), ovos, açúcar etc. assado no forno, muito comum no Nordeste (BA), Sudeste (SP) e Centro-Oeste (MT).

ETIMOLOGIA lat *brevitatem*.

(http://michaelis.uol.com.br/busca?id=XzDp)

As brevidades. Em oferenda. Também regadas de afeto. Algumas "no ponto". Íntegras. Em bocados perfeitos. Saborosas. Outras nem tanto. Ressecadas. Engasgantes. Sufocantes. Muitas outras, apressadas. Partidas antes do tempo. Migalhas desperdiçadas. Espalhadas pelo chão.

Brevidades e ambrosias. Indecifráveis. Devoradoras. A solidão docente. A inapetência discente. Confrontando a fome insaciável. A sede infinita. Afrontada pela provisoriedade. A brevidade indesejada. A imortalidade prometida. A preparação da partilha. Imagino. Escolho. Entrego-me.

O convite. A oferenda. "Senta-se à mesa comigo?" A disposição renovada. Explicar. Explicar novamente. Mais uma vez. Explicar com outras palavras. Melhor dizendo. Ou seja. Parênteses elípticos. Aspas incisivas. Notas e mais notas. Digressiva. Prolixa. Inconcisa. Boca seca. Língua cansada. Afônica de monofonia. "Foi bom, meu bem?"

Jornada em vórtice. Sínteses e retomadas. Redundante convicção. Inesgotável resiliência. Do discurso amoroso. Dos fragmentos em fuga. Toadas e retoadas. O desafio do "*Thema regium*". A resiliência canônica. Compasso de espera. No tempo. Apesar dos contratempos. Da inatingível harmonia. Da impossível sinonímia perfeita. Das improváveis coincidências bissextas. O desejo da degustação compartilhada. Do prolongamento da efemeridade.

5. Do fim ao começo[24]

A oxítona solidão. Abissal. Na multidão. No turbilhão. A sofreguidão. A insensatez. A prenhez. A criação. O rondó. Devorar-me-á?

A paroxítona brevidade das ambrosias. O chamado do afeto. A jornada. "*Souspirant en terre estrainge.*"[25] O curso. O decurso. O discurso. O avesso do permitido. O direito do proibido. O ensaio. Cantochão. *A capella.* A receita-quase-partitura. A modesta oferenda. Apreciável. O guloso desejo. Infindável. O sublime. *Ricercare.* Indecifrável?

O proparoxítono oxímoro. Ávido fôlego efêmero. Palindrômico. Em vórtice. Em "dúvida metódica".[26] Hiperbólica contro-

24 Frase inspirada em "*Ma fin est mon commencement/ Mon commencement est ma fin*" ["Meu fim é meu começo/ Meu começo é meu fim"], título do cânone "enigmático" do tipo *Ricercare* ou *Rondeau*, do compositor e poeta francês Guillaume de Machaut (1300-77).

25 Em tradução livre: "Suspirando em terra estrangeira". Esse é o título do *Rondeau* composto pelo trovador francês Adam de la Halle (1237-88).

26 Referência ao método utilizado pelo filósofo, físico e matemático francês René Descartes (1596-1650).

vérsia. Em código. Críptico. Epigramático. Ambigramático. Ilógico. Incógnito. Enigmático. Término e início. Canônico. *Cântico dos cânticos*. "Êxtase puríssimo."[27] Música de câmara.[28] Recôndita. Litúrgica. Anímica. Epílogo e prelúdio.

Última página. Afônica. Atônita. Adônica. Elíptica. Íntima. Brevíssima. Translúcida. Sempre-viva. Perpétua. Apocalíptica. Anagramática.

Reler, reviver, reter. Na mais longa breve. Transbordando do compasso. Beleza infinita. Tocada. Irretocável. No ensaio. Como se fosse a primeira, a última, a única vez. Para ensinar e aprender a fruição da exuberante intensidade de cada íntegro bocado. Da ambrosíaca brevidade. Como se fosse a única, a última, a primeira.

---

27 Expressão extraída do conto "Felicidade clandestina", da escritora brasileira Clarice Lispector (1920-77).

28 Música de câmara é a música erudita composta para um pequeno grupo de instrumentos ou vozes que tradicionalmente podiam acomodar-se nas câmaras de um palácio. É também o título, em português, do livro de poemas *Chamber music*, do escritor irlandês James Joyce (1882-1941).

Receita de ambrosia – peça didática

Prólogo[1]

Pesquisadora: Este texto deriva do poema "Receita de ambrosia", de Magnani (1993), caracterizando-se como um segundo ato daquele, em duplo sentido: retoma o tema/problema por meio de desdobramento do segundo ato, "O ritual". Ao mesmo tempo, dá continuidade a Mortatti (2014a; 2017), em que tematizo a alfabetização/ensino de língua portuguesa como processo discursivo, analisando as propostas de Geraldi (1984) e Smolka (1988), respectivamente. Dessa vez, o objetivo é problematizar a formação inicial de professores para a compreensão ativa do processo discursivo, considerando que, para *ensiná-lo*, não basta *falar sobre*. É necessário também *mostrar fazendo* nas relações de ensino-aprendizagem de que os futuros

1 Publicação original: Mortatti (2020a). Uma versão preliminar e condensada foi publicada em *Revista Brasileira de Alfabetização*, v.1, n.9, jan.-jun. 2019b, p.9-59.

professores participam aqui e agora, como *alunos* que se *formam* para o magistério.

Como materializar discursivamente esse objetivo, de forma coerente com os fundamentos políticos e teórico-metodológicos desse processo? Como *mostrar fazendo* também na escrita como *gestus*, por meio da configuração textual, ou seja, da articulação entre tema, conteúdo, estrutura, forma, motivos, condições de produção e lugares sociais ocupados pela pesquisadora, pelos sujeitos da pesquisa e pelos leitores previstos, a fim de proporcionar condições de compreensão do tema/problema proposto?

Para enfrentar a complexidade desse desafio, inspiro-me na concepção de "peça didática", criada pelo poeta e dramaturgo alemão Bertolt Brecht (1898-1956), com finalidade de "educação estética-política", por meio da encenação de um "modelo de ação". Dessa inspiração resultou uma modesta adaptação livre de alguns dos principais elementos do teatro épico brechtiano: procedimento narrativo; utilização de coro e canções e de títulos para cada cena; estrutura textual aberta, como um pré-texto para a encenação, possibilitando inserção ou apagamento de determinados trechos e sobreposição de diferentes estruturas textuais; busca do "efeito de distanciamento" com eliminação da "quarta parede", para tornar nítido o gesto de mostrar, a fim de atrair o leitor/espectador "para o âmago do problema", na relação dialética entre distanciamento e identificação, espanto e reconhecimento, representação e realidade.

A discussão do problema proposto será mostrada em seis cenas que sintetizam momentos "cruciais" das atividades da disciplina "Conteúdo, metodologia e prática de ensino: língua portuguesa e literatura infantil", do 3º ano do curso de Pedagogia da Faculdade de Filosofia e Ciências da Universidade Estadual Paulista, campus de Marília. Selecionadas dentre um extenso conjunto de registros de participação-observante elaborados por esta pesquisadora – especialmente durante o primeiro semestre de 2019 –, as cenas compõem apenas um ato, aquele que se passa na sala de aula, com foco na atuação da professora, não intencionalmente, mas por necessidade interna determinada pelas características do processo representado. Considerando, porém, a característica de síntese, essas cenas possibilitam aos leitores/espectadores inferir/compreender outros aspectos do processo, tais como: o ato que precede e o que sucede o encenado; a relação com a experiência da professora em turmas anteriores e ao longo de sua atividade profissional; a pluralidade de vozes identificáveis também nos discursos indiretos, parafraseados, não ditos ou interditos; e certa unidade de ação, espaço e tempo, ainda que, nesse caso, função e finalidade épicas importem mais do que a lei das três unidades dramáticas.

Assim como a opção por adaptar estrutura, forma e finalidades da peça didática brechtiana, a opção pela participação-observante como método de pesquisa não foi casual. Ambas derivam da busca de coerência com o conceito mesmo de processo discursivo, correlato da posição do princípio assumida pela pesquisadora em face da vida e do problema em análise (Lukács,1968, p.54). Pelo mesmo motivo, o objetivo não é apresentar um modelo a ser copiado ou prescrições a serem seguidas. Embora o termo "receita" (etim. "recebido") remeta a discurso instrucional, indicando relação de ingredientes e modo de fazer, o modelo *de/em* ação aqui encenado se caracteriza como roteiro de uma antirreceita de um antirritual. Nele e por meio dele se representa – conforme a proposta da professora da disciplina – não um movimento linear/escatológico nem circular nem cíclico, mas um movimento dialético de *formação* que se desenvolve em vórtice, cadenciado pelos sobressaltos de avanços e recuos, de consistências e contradições, constitutivos e constituidores das relações intersubjetivas/sociais específicas que ocorrem, nesse caso, na *aula*, como acontecimento humano irrepetível, insubstituível e "irreponível", como lugar simbólico e sempre provisório em que se modificam todos os que dela participam. Esse tipo de movimento possibilita, ainda, condições para que as vivências (*Erlebnis*) subjetivas, resultantes do impacto sensorial com a realidade, constituam-se como experiência (*Erfahrung*) histórica, intersubjetiva/interdiscursiva, resultante de uma arriscada jornada para fora de si e do contexto imediato, como experiência de ação/reflexão e aprendizado humano/humanizador, no encontro e no confronto com o outro e com a tradição.

Porque igualmente afetada e modificada pela condição de participante-observadora do processo a ser encenado, convido-os a compartilharem desta peça didática como materialização de um antigo e ambicioso desejo – agora preenchido e estruturado pela experiência (Benjamin, 1989): que também ela configure um processo discursivo a propiciar experiência formativa aos leitores/espectadores, assim como sua elaboração proporcionou a esta pesquisadora-narradora-personagem.

Peço antecipadamente paciência e compreensão, se o resultado não lhes parecer saboroso. Podem ter faltado "engenho e arte", mas não a consciência da complexidade da empreitada nem o necessário empenho em mobilizar energias afetivas e intelectuais para: possibilitar a fruição de uma escolha política como "suspensão de linguagem", mesmo sabendo que "[...]

ela reaparece sob sua forma mais consistente (o estereótipo [acadêmico]) e [é] então preciso engolir essa linguagem, sem náusea" (Barthes, 1987, p.58); e, ao mesmo tempo, buscar o (efeito de) distanciamento crítico imprescindível para a compreensão da formação de professores como processo discursivo, como "práxis humana", unidade indissolúvel entre ação e reflexão, visando à conscientização como compromisso histórico que possibilita aos sujeitos a inserção crítica e transformadora na realidade (Freire, 1979).

Coro:
Assim começa
a história de uma jornada,
que vocês verão e ouvirão.
E verão e ouvirão o que não é comum,
o que não está sempre ocorrendo.
Mas a vocês nós pedimos:
no que parece estranhar,
descubram o que não há de estranho!
No que parece não explicado,
vejam quanto se explica!
E, no que parece incomum,
vejam como não deveria espantar!
No que parece exceção,
vejam a regra e o abuso!
E, onde o abuso detectarem,
procurem remediar![2]

2 Adaptação do epílogo da peça *A exceção e a regra*, de Brecht ([1929-31], 1994).

Notas sobre linguagem, texto e pesquisa histórica em educação[1]

1.

No âmbito das ciências humanas em geral e da educação em particular, a pesquisa histórica vem se afirmando como uma tendência teórico-metodológica bastante fecunda. Com o objetivo de contribuir para a discussão acerca dos problemas e possibilidades desse tipo de pesquisa científica em educação, apresentam-se nestas notas, com base na concepção de linguagem como forma de interação humana, reflexões problematizadoras sobre as relações entre as atividades de leitura e produção de textos e os processos: de recuperação, reunião, seleção e análise de fontes documentais escritas; de produção do texto final (monografia, dissertação ou tese), em que se materializa discursivamente o objeto de investigação; e de constituição do sujeito desse discurso.

1 Publicação original: Mortatti (1999).

2.

Como forma de interação e atividade especificamente humana, a linguagem é constitutiva, mediadora e produto das relações interlocutivas, que se instauram no interior e nos limites de determinada formação social e em cujo âmbito se constitui o sujeito do discurso. Dada a natureza histórica e social da *linguagem*, dos *sujeitos*, das *interações verbais* e da *mediação linguística* como "relação constitutiva, ação que modifica, que transforma" (Orlandi, 1987, p.25), compreende-se o *trabalho linguístico* (dos sujeitos) como *atividade constitutiva*, em que se entrecruzam produção histórica e social de *sistemas de referências* e de *operações discursivas*. No âmbito desse trabalho linguístico, que ocorre sempre em uma dada situação histórico-social – espaço de relações interlocutivas –, produzem-se: a *língua*, como objeto em constante processo de produção; e *discursos* necessariamente significativos, como materialização de sentidos.

Desse ponto de vista, a linguagem é uma forma de interação humana, produzida e atuante sobre um fundo de discurso, em cujo âmbito constitui-se o *sujeito do discurso* como sujeito polifônico, síntese de diferentes vozes social, histórica e ideologicamente situadas. E utilizar a língua "é bem mais do que representar o mundo: é construir sobre o mundo uma representação" (Geraldi, 1996, p.52), é agir sobre o outro e sobre o mundo, por meio do texto: realidade concreta da língua, lugar da enunciação e da interação verbal e unidade de sentido, onde autor e leitor se tornam interlocutores.

Por leitura, entende-se aqui compreensão como "uma forma de diálogo" (Bakhtin, 1981, p.113) entre leitor e autor, por meio do texto; um processo de autoria de segunda ordem, que supõe um texto já escrito para se produzirem significados e sentidos e que envolve a história de leitura do leitor e do texto.

Escrita, por sua vez, caracteriza-se como processo de produção de textos utilizando-se a língua escrita; processo de produção de significados e sentidos, visando ao diálogo com o leitor e instaurando um tipo específico de interação e novas relações dos sujeitos entre si, com o mundo natural e social, com o tempo e o espaço e com a consciência desses sujeitos.

Como produções históricas e sociais, a leitura e a escrita supõem a produção de significados e sentidos, que remetem a um sistema de referências e determinada formação discursiva. São, portanto, atividades discursivas, que têm no texto seu ponto de partida e de chegada.

Como lugar da enunciação e produto da interação verbal, o texto *é o* objeto da leitura e da escrita. É no texto – produto daquele trabalho discursivo e intersubjetivo no nível simbólico – que a língua se configura em sua "concretude". O texto é o "território comum do leitor e do interlocutor" (Bakhtin, 1981, p.113). A unidade de sentido. Formulado de outro modo: o texto é a materialização de um *projeto* (discursivo), concebido, executado e avaliado por um sujeito que, a partir de certas necessidades, movido por certos objetivos, sobressaltado pelas contingências e mediado pela linguagem, em determinadas condições históricas e sociais, escolhe – dentre as possíveis e conhecidas – as opções de dizer/escrever o que precisa escrever para outro(s).

Dessa perspectiva, o que confere singularidade a um texto é o conjunto de aspectos constitutivos de sua configuração textual (Magnani, 1993), a saber: as opções temático-conteudísticas (o quê?) e estruturais-formais (como?), projetadas por determinado sujeito (quem?), que se apresenta como autor de um discurso produzido de determinado ponto de vista e lugar social (de onde?) e momento histórico (quando?), movido por certas necessidades (por quê?) e propósitos (para quê?), visando a determinado efeito em determinado tipo de leitor (para quem?).

3.

A unidade, no sujeito, entre concepção, execução e avaliação de projetos identifica o trabalho como atividade especificamente humana. Um projeto se caracteriza pela inter-relação dos diferentes aspectos constitutivos dessa atividade: a partir de certas necessidades, movidos por certas utopias, sobressaltados pelas contingências e mediados signicamente, sujeitos interativos (sócio-históricos), em determinadas condições espaço-temporais, utilizando-se de certos métodos e meios, produzem objetos materiais e culturais assim como os sujeitos envolvidos e sua consciência. Supõe, por isso, uma tensão constante entre consciência/contingência, teoria/prática, pensamento/atuação, autonomia/heteronomia. Demanda opções em relação a juízos de valor. E implica movimento e mudança que se produzem no tempo como proposta, processo e possibilidade.

O ofício do pesquisador é também uma atividade especificamente humana, constituída e mediada pela linguagem, cuja especificidade consiste na produção de conhecimentos, com base em um projeto de pesquisa. Para essa atividade, não basta ao pesquisador ser usuário ou aplicador de conhecimentos disponíveis e em circulação na sociedade e na universidade. É preciso que ele consiga refletir sobre esses conhecimentos, estabelecer relações, categorizar, abstrair e articular coerentemente teoria e empiria (Nunes, 1996, p.49), como atividade que lhe propicie ser sujeito de um discurso e seu sentido.

Em todas as fases da pesquisa histórica em educação – como em qualquer outro tipo de pesquisa, especialmente na área das ciências humanas –, a atividade do pesquisador – o ato investigativo – é um ato de interpretação, que envolve necessariamente a constitutividade e mediação da linguagem e, em decorrência, dos processos de ler e escrever, ou seja, envolve a produção de significados e sentidos, desde os processos de recuperação, reunião, seleção e análise de fontes documentais até a produção do texto final da pesquisa. E todo ato de interpretação, como síntese, demanda a análise integrada dos aspectos constitutivos de determinado texto, a fim de que o pesquisador possa reconhecê-lo e interrogá-lo como configuração textual "saturada de agoras" (Benjamin, 1985, p.222-3) e "objeto singular e vigoroso" (Starobinski, 1988, p.145); e dele produzir uma leitura possível e autorizada, a partir de seus objetivos, necessidades e interesses.

4.

A pesquisa de fundo histórico em educação se caracteriza como um tipo de pesquisa científica, cuja especificidade consiste, do ponto de vista teórico-metodológico, na abordagem histórica – no tempo – do fenômeno educativo em suas diferentes facetas. Para tanto, demanda a recuperação, reunião, seleção e análise de fontes documentais, como mediadoras na produção do objeto de investigação.

Entendendo-se documento como "uma montagem, consciente ou inconsciente, da história, da época, da sociedade que o produziram, mas também das épocas sucessivas durante as quais continuou a viver, talvez esquecido, durante as quais continuou a ser manipulado, ainda que pelo silêncio" (Le Goff, 1984, p.103), pode-se tomá-lo como portador de testemunhos de época, de natureza diversa – textos escritos, objetos, fotografias etc. –, e, simultaneamente, como elaboração histórica resultante de uma escolha motivada pelo ponto de vista do pesquisador, que elege, dentre um conjunto disponível, determinados documentos como fontes de investigação.

Para os objetivos destas notas, enfatizam-se os documentos escritos (impressos ou manuscritos), devido a sua condição de texto verbal, resultante de uma atividade discursiva, consciente ou não, de determinado(s) sujeito(s) do momento histórico em que foram produzidos assim como de seus pósteros, para os quais continuaram a existir, manipulados, seja pela exaltação, seja pelo combate acusatório, seja pelo esquecimento silencioso e nem sempre inocente. São, portanto, tratados como configurações textuais, mediadoras na busca de compreensão, explicação e interpretação do que foi, no passado, o fazer e seu sentido e de que resulta, de acordo com a apropriação que deles faz o pesquisador, a produção do objeto de investigação, ao longo do texto escrito em que se apresenta o resultado do trabalho investigativo.

Evidentemente, todo ato interpretativo, como atividade discursiva, é construção de uma representação, a partir da problematização de outras representações construídas e tomadas como fontes documentais. Embora condição necessária, essas fontes documentais não devem ser confundidas com o objeto de investigação, uma vez que não são "dados" e "só falam quando se sabe interrogá-los" (Bloch, [1987], p.60).

Desse ponto de vista, o trabalho do pesquisador não se restringe à coleta e apresentação de documentos. Tampouco se deve reduzir o processo analítico a aspectos isolados da configuração textual dos documentos selecionados, como por exemplo aqueles constitutivos de sua "camada mais aparente" (Candido, 1995) (o que e como está escrito) ou aqueles que remetem à sobredeterminação do contexto histórico ou social (quando e onde foram escritos) e suas marcas ideológicas (por que e para que foram escritos). Dada sua condição de texto verbal, resultado de atividade *de, com* e *sobre* linguagem, os documentos não escondem nada "por trás", não demandando operações de "desvelamento" ou "desnudamento". Os sentidos e as explicações históricas podem ser "encontrados" *dentro* da configuração textual do documento, ponto de partida e de chegada do trabalho investigativo.

Trata-se, portanto, de um ato de interpretação centrado no conceito de texto aqui proposto, com base no qual se devem interrogar os documentos escritos na posição de um leitor contemporâneo que se esforça por compreender simultaneamente: o sentido da experiência vivida configurada nos discursos produzidos por sujeitos de outra época; a apropriação desses discursos por seus contemporâneos e seus pósteros; a razão pela qual os discursos que, em cada época, lograram permanência apresentam determinada versão de uma sucessão de acontecimentos e por que foram essas as versões preservadas no tempo e legadas aos pósteros como documentos/monumentos; e as inevitáveis diferenças entre os sentidos propostos por esses sujeitos e os sentidos atribuídos pelo pesquisador, que, mediante a produção de determinado objeto de investigação, constitui-se como sujeito de um discurso interpretativo sobre esses discursos.

5.

O ato interpretativo não se esgota nos processos de recuperação, reunião, seleção e análise dos documentos. Demanda, ainda, a produção de um texto final (monografia, dissertação ou tese), em que, além da correção gramatical, adequação técnica, coesão e rigor, deve-se buscar garantir coerência entre pressupostos teórico-metodológicos e procedimentos de organização, argumentação e redação, a fim de o pesquisador não sucumbir à tentação, seja de apenas enquadrar o passado de acordo com critérios apriorísticos do presente, seja a de se deixar seduzir inadvertidamente pelas interpretações dos sujeitos das épocas em estudo, abdicando da posição de sujeito de um discurso interpretativo.

O texto resultante da pesquisa – também configuração "saturada de agoras" – é o lugar onde se materializam discursivamente o objeto de investigação, o processo de produção de conhecimento histórico e as interpretações propostas pelo pesquisador. Trata-se do produto de uma atividade *de, com* e *sobre* a linguagem, que supõe, necessariamente, a emergência do sujeito do discurso, o qual, situado em um presente histórico que se apresenta como futuro do passado remoto ou recente que se quer compreender, constrói uma representação sobre outras representações, produz sentidos sobre outros sentidos, visando ao diálogo com os sentidos que seus prováveis leitores produzirão a partir de seu texto.

6.

Do ponto de vista aqui proposto, abordar historicamente a educação não significa apresentar uma sucessão de acontecimentos passados, de acordo, seja com uma temporalidade linear e ascensional, em direção à culminância do processo histórico no presente, como fim da evolução, seja com a lei do "eterno retorno" ou com a da sucessão de ciclos de apogeu e decadência, ação e reação. Abordar historicamente a educação significa, pelo contrário, buscar apreender e problematizar, por meio de configurações textuais – as lidas e as produzidas pelo pesquisador –, a simultaneidade entre continuidade e descontinuidade de sentidos a respeito do fenômeno educativo em suas diferentes facetas, a qual caracteriza o movimento histórico e as "temporalidades múltiplas" que nele coexistem.

Trata-se, portanto, de uma tendência teórico-metodológica caracteristicamente interdisciplinar, do que decorre sua fecundidade explicativa e o grande desafio aos pesquisadores interessados em buscar, mediante a compreensão do passado remoto e recente, o enfrentamento dos problemas do presente fugidio e a construção do futuro desejado.

Com certeza, a afirmação dessa tendência vem responder à necessidade de se pensar em outras possibilidades de investigação em educação, inserindo-a na problemática relativa às pesquisas em ciências humanas, conforme sugere Chaui:

> [...] acolher novos temas, novos métodos, novas técnicas, novos campos de pesquisa, mas não... por serem novos nem porque sejam garantia de uma ocupação, isto é, nem porque sejam parte da *fashion culture* nem porque sejam garantia de emprego, mas porque fazem sentido, correspondem a necessidade e experiências reais que pedem interpretação e compreensão. (Chaui, 1995, p.171)

Entre o ideal e o usual: a *Didática Mínima*, de Rafael Grisi[1]

Introdução

No Brasil, especialmente a partir do início dos anos de 1980, passou-se a denunciar sistematicamente a crise de identidade da Didática como campo de conhecimento e disciplina acadêmico-científica e a se propor, programaticamente, sua revisão. Conforme se pode depreender da tendência predominante nas discussões e proposições engendradas a partir de então, a busca de novos rumos e a redefinição de temas, objetos e abordagens estão diretamente relacionadas sobretudo com a justificativa de necessidade de ruptura com os modelos técnico-instrumentais produzidos no passado (recente) e que se propõe que sejam superados, a fim de se construir uma Didática fundamental, porque comprometida com um projeto político de transformação social e em cujo âmbito se devem articular coerentemente teoria e prática educativas.

1 Publicação original: Mortatti (2001).

No entanto, o consenso em relação à necessidade de questionamento e revisão da Didática nem sempre ocorre em relação à justificativa apresentada para sua revisão. A esse respeito destaco a posição de Soares (1985), segundo a qual, embora correta, essa justificativa para a necessidade de revisão da Didática não é a única nem a mais importante, dada sua paradoxal relação com a própria natureza instrumental, normativa e pretensamente neutra, a partir da qual se constituiu historicamente o conteúdo da disciplina.

De acordo com essa posição de Soares, negar a natureza historicamente constituída da Didática é negar a própria disciplina; e propor novos rumos desconsiderando esse paradoxo básico pode "transformar a revisão da Didática em mera invasão de outras áreas", mediante mero enxerto da "análise social e perspectiva política no conteúdo instrumental e normativo" (p.40) dessa disciplina. Por essas razões e, talvez, já como um prenúncio da tendência de valorização da abordagem histórica dos problemas educacionais, que se observa, especialmente a partir da última década do século XX, essa pesquisadora propõe que uma "revisão da Didática deveria começar por uma reflexão sobre sua história, para, a partir dessa reflexão, redirecionar sua história" (p.40).

Concordando com a proposição de Soares, penso que são também muito relevantes e mesmo necessárias, do ponto de vista da compreensão da especificidade e identidade da Didática assim como dos problemas do presente e visando ao redirecionamento histórico, pesquisas a respeito do passado (recente) das tematizações nesse campo produzidas por brasileiros, muitas das quais, a despeito dos esforços de renovação, continuam operantes nas representações e práticas tanto de professores de Didática quanto dos professores por eles formados.

A análise da produção acadêmica sobre o tema possibilita verificar que, certamente em decorrência de tantas urgências específicas, as "pesquisas de intervenção" que enfocam alternativas para a pesquisa e ensino da Didática são mais numerosas e recorrentes, comparativamente às de fundo histórico. Em relação a essas últimas, na produção acadêmica veiculada sob a forma de livros, teses ou artigos, encontra-se: ora uma revisão de caráter panorâmico da produção intelectual, dos ideários didático-pedagógicos e suas relações com os diferentes contextos políticos e econômicos (Oliveira, 1988; Candau, 1983; Veiga, 1988a; Libâneo, 1984; Marin, 1989); ora a tematização mais direta da origem e do desenvolvimento da Didática no Brasil (Veiga, 1988b; Garcia, 1995, 1994; André, 1992; Castro, 1992; Carvalho, 1992; Nadai, 1991).

Dentre esse segundo tipo de pesquisas, destaco a de Garcia (1995, p.81-2), que distingue "três momentos da evolução da Didática em termos da delimitação de seu campo de estudos e de práticas", a saber: 1) "primórdios da constituição da Didática no ensino superior brasileiro", sem distinção entre Didática geral e especial; 2) mais nitidamente perceptível a partir de meados dos anos de 1950, "em que o campo passou a delimitar mais claramente como seu objeto de estudo e práticas a direção técnica da aprendizagem", consolidando-se no interior das faculdades de Filosofia, adquirindo maior autonomia em relação a outras áreas e disciplinas do campo pedagógico e tendo acentuado seu caráter instrumental e normativo, sob a influência de uma abordagem psicológica (com gradativo enfoque experimental); e 3) divisão do campo, no início dos anos de 1960, com a criação da disciplina Prática de Ensino, "que incorpora os conteúdos e preocupações antes tratadas pelas didáticas especiais", e que resulta no desprestígio da disciplina Didática (geral) e dos profissionais envolvidos assim como na gradativa perda de hegemonia do discurso sobre o ensino, que privilegiava aspectos eminentemente instrumentais e técnicos dessa atividade, decorrente do engajamento da Didática – sob a influência do movimento da Tecnologia Educacional mas ainda acompanhados dos princípios escolanovistas –, na "busca da racionalização, da eficiência e da produtividade do ensino", levando às últimas consequências o caráter técnico e instrumental com que já vinha se afirmando nos anos anteriores.

Dentre os aspectos enfocados pela pesquisadora ao longo desse processo, encontram-se livros escritos por brasileiros que, ao lado da bibliografia então utilizada – estrangeira, em sua quase totalidade –, funcionavam como manuais de ensino para essa disciplina. Mediante análise dos manuais *Ciência e arte de educar* (1955), de Filocelina da Costa Matos Almeida, e *Sumário de Didática geral* (1957), de Luiz Alves de Mattos, a pesquisadora apresenta significativas reflexões sobre os problemas históricos envolvidos na constituição do campo e da disciplina, no Brasil.

A partir do exposto e com o objetivo de contribuir para a busca de novos rumos para a pesquisa e o ensino da Didática no Brasil, mediante compreensão de seu processo histórico de constituição como campo de conhecimento e disciplina acadêmico-científica, optei por analisar o livro *Didática mínima* (1952a), do professor Rafael Grisi (1909-98) e que pode ser considerado um dos primeiros manuais de ensino de Didática escrito por um autor nacional. Embora não tenha ainda merecido estudos sistemáticos, sua produção escrita teve considerável repercussão no que se refere à formação e à prática de professores dos então denominados ensino primário e secundário no Brasil, não podendo, portanto, ser negligenciada.

Com base em método e procedimentos de análise, integradamente às abordagens históricas na pesquisa em educação, a análise do livro em questão centra-se em sua configuração textual (Magnani, 1993; Mortatti, 2000a), ou seja, no conjunto de aspectos inter-relacionados que constituem o sentido do discurso nele produzido. Esses aspectos se referem a: opções temático-conteudísticas e estruturais-formais produzidas pelo autor, em determinadas condições histórico-sociais, a partir de certas necessidades e visando produzir determinados efeitos nos leitores previstos.

Por meio da abordagem histórica e da análise integradora dos aspectos da configuração textual de *Didática mínima*, foi possível compreender, de acordo com a hipótese inicial, as razões pelas quais o livro em questão é representativo de um importante momento de constituição da Didática como campo de conhecimento e disciplina acadêmico-científica, no Brasil, momento esse marcado pela permanência do caráter técnico, instrumental e normativo da Didática, o qual passa a ser fortemente questionado a partir dos anos 1980.

Sobre o autor, sua atuação e sua produção intelectual

Rafael Grisi nasceu em 1909 e faleceu em 1998, em São Paulo. Ao longo de sua extensa carreira, atuou como professor de diversas disciplinas – Psicologia Educacional, História da

Educação, Pedagogia, Filosofia Educacional e Didática –, em escolas normais e faculdades de filosofia paulistas.

Didática mínima teve a primeira edição publicada em 1952, pela Editora do Brasil; e, a partir, presumivelmente, da sexta edição, de 1962, até a 12ª, de 1985, pela Editora Nacional, como o volume 84 da série Atualidades Pedagógicas.

Figura 1 – Capa do livro *Didática mínima*, de Rafael Grisi (1952)

Fonte: Acervo de Maria Mortatti.

Além desse livro, em estreita relação com sua atuação profissional, Grisi escreveu, ainda: a monografia *O ensino do vernáculo na escola secundária*, apresentada, em 1938, ao concurso para livre-docente da Cadeira Metodologia do Ensino Secundário, do Instituto de Educação da USP; um artigo sobre as relações entre o método e a cartilha no ensino da leitura, publicado na revista *Educação*, em 1946, e depois em separata; a tese *Pedagogia e utopia* (O problema do "método didático universal"), apresentada, em 1952, ao concurso para provimento da cadeira de História e Filosofia da Educação, da Faculdade de Filosofia, Ciência e Letras da USP; e, ao longo dos anos de 1950, um pré-livro e uma cartilha, ambos referentes à alfabetização, intitulados *Lalau, Lili e o lobo...* e seguidos de uma série de livros de leitura intitulada *Uma história e depois... outras...*, todos eles destinados aos quatro graus do curso primário, publicados pela Editora do Brasil, na Coleção Didática Infantil – Série A criança e o livro, e com dezenas de edições.

As explicações do autor

Para análise neste artigo, utilizo dois exemplares do livro *Didática mínima*: o de nº 4719, da quarta edição, de 1956, com 104 páginas e formato 14 x 21 cm, capa dura; e um exemplar não numerado da décima edição, de 1978, com 114 páginas, mesmo formato, em brochura.

Nas quatro páginas da "Introdução", datada de 1952, que serve também de prefácio e permanece inalterada em todas as edições, o autor explica a origem, intenção, forma e método de exposição adotados e leitores previstos para o livro.

Resultante dos longos anos de sua atuação profissional como formador de professores, Grisi (1956, p.11-2) apresenta o livro em análise, não como um receituário didático, nem como obra para especialistas, nem como a "última palavra" em matéria pedagógica, nem como um novo "*Ratio Studiorum*"; "quando muito será uma 'súmula', à maneira medieval, de algumas '*Questiones Disputatae*'", cuja leitura poderá ser útil tanto para professores primários e secundários, que se dizem leigos em Pedagogia, quanto para estudantes de Didática, "que se interessam por uma orientação 'prática' para suas futuras atividades docentes...".

Nele, encontram-se coligidos observações, comentários, erros e normas pedagógicas, com a intenção tanto de fazer "a Pedagogia descer do céu à terra", em atenção às críticas ouvidas pelo autor nos contatos mantidos com os profissionais de ensino, quanto de apreciar e discutir com os estudantes de Didática os "fatos escolares", sobretudo os relativos à conduta dos professores e falhas em sua formação pedagógica, observados e coligidos por esses estudantes ao frequentarem, em seus estágios de prática de ensino, classes de grupos escolares, ginásios e colégios.

Censurando o ensino pedagógico e principalmente o de Didática tal como era ministrado nos cursos normais e nas faculdades de filosofia, os professores e estagiários apontam o "divórcio" entre a idealização do ofício do magistério contida no pensamento pedagógico e a situação concreta de nossas escolas.

> Esse ensino – dizem – tem o defeito de sua qualidade: reveste-se quase sempre do caráter "utópico" de toda bibliografia e de todo pensamento pedagógicos: é admirável por seus lineamentos teóricos e generoso em seus propósitos inovadores, não há dúvida; porém, desenvolvendo-se sobre uma "idealização" do ofício magisterial – o que pode ter valor heurístico para reflexão mas constitui também uma fuga à realidade –, acaba divorciando-se da situação concreta de nossas escolas e, assim, nenhuma relação visível apresenta com as tarefas que os professores executam

> diariamente em sua vida prática. O normalista ou licenciado, ao iniciar a carreira, compreende que tem de abrir caminho com seus próprios meios... Em suma, parece que a Pedagogia das Cátedras nada tem que ver com o que se passa efetivamente todos os dias dentro das salas de aula, durante os encontros dos professores com seus alunos. (Grisi, 1956, p.9)

De acordo com o autor, esses problemas se devem ao preconceito "antipedagógico" de grande número de professores que atuam no magistério, especialmente no secundário, onde se observam dois tipos de professores: os que, mesmo tendo tido formação pedagógica, abandonaram as "teorias dos pedagogos", alegando que elas não apresentaram solução para os problemas enfrentados nas relações com seus alunos; e os que, sem formação especializada, ao ingressarem no magistério, foram se guiando pelo "bom senso" e pela imitação, numa "aprendizagem didática puramente empírica".

> O que, em outras palavras, quer dizer: coexistem em nossas escolas, de modo curioso, duas Didáticas: uma, a Didática ideal, a que se contém nos tratados e se preconiza, teoricamente, através das lições dos professores especialistas; e a outra, a Didática usual, a que se pratica nas escolas e, embora criticada violentamente nos tratados e cursos de Pedagogia, como falsa, rotineira, artificiosa, formal etc., permanece e vige de fato nos procedimentos docentes do professorado...
>
> Seria talvez necessário encontrar, entre esses extremos, uma posição intermediária, porventura uma Didática de emergência ou de transição, isto é, uma Didática que, partindo da consideração dos fatos observáveis em nossos estabelecimentos de ensino,

> tais como estes funcionam (com sua legislação, seu regime de trabalho, suas praxes e, mais, com as "expectativas de comportamento" dos alunos, dos pais, dos administradores, em relação aos docentes), procurasse dar ao magistério o domínio de normas de ensino e técnicas de influenciar, suscetíveis de promoverem uma melhoria imediata, embora pequena, e progressiva, embora lenta, do rendimento quantitativo e qualitativo do trabalho escolar. (Grisi, 1956, p.10)

Pretendendo criar um "ambiente" de diálogo com seus leitores e estimulá-los ou a tomar partido ou a refletir sobre os preceitos propostos, a forma de exposição adotada pelo autor consiste em "enumeração mais ou menos dogmática de itens que são como 'instantâneos' colhidos nas salas de aula". Adverte, porém, que as "normas coligidas" não são absolutas ou de aplicação universal, cabendo ao professor decidir sobre a "oportunidade de sua observância, completa ou parcial, imediata ou gradativa" (Grisi, 1956, p.12). O que pode haver de novo no livro é o método, que ele considera

> [...] oposto ao comumente usado nos manuais de Pedagogia ou de Filosofia, Biologia, Sociologia, Psicologia "aplicadas" à educação. Em vez de, como sucede na generalidade das obras dessas disciplinas, partir dos princípios e conhecimentos sistematizados, para, em seguida, por via silogística, indicar as "aplicações" didáticas, este livro parte de fatos e flagrantes das salas de aula e vai, por argumentos explícitos ou por sugestões veladas, em busca dos princípios axiológicos que os embasam e dos conhecimentos científicos de que descendem por filiação lógica. (Grisi, 1956, p.12)

Para encerrar a "Introdução", o autor expõe seu voto de que um dos "defeitos" do livro venha a ser, o mais brevemente possível, a perda de sua utilidade e atualidade, em decorrência do fato de "os erros pedagógicos nele coligidos e comentados" terem se tornado ausentes das escolas. No entanto, em nota preliminar intitulada "Ao leitor", datada de 1962 e acrescentada ao livro a partir presumivelmente da sexta edição, já pela Editora Nacional, explica que seus receio e desejo de que o livro logo perdesse a atualidade não se concretizaram. Esgotada a "última edição", optou por reeditá-la em atenção aos numerosos apelos de professores de Didática e de Metodologia do Ensino assim como de inspetores e orientadores escolares, que encaminharam

> [...] sugestões de retoques e acrescentamentos ao texto, com vistas à sua melhoria ou mais completo ajustamento às necessidades das escolas e aos tipos de leitores – docentes em geral, candidatos ao magistério e estudantes de cursos pedagógicos – aos quais de preferência o livro se destina. (Grisi, 1978, p.IX)

A esses apelos, juntou-se o empenho do professor J. B. Damasco Penna de incluir o livro na série Atualidades Pedagógicas, por ele dirigida junto à Companhia Editora Nacional. A partir dessa edição, além da mudança de editora, do projeto gráfico da capa e do miolo assim como do acréscimo do índice onomástico e do número de páginas (120), de acordo com sugestões recebidas, o autor fez "[...] cuidadosa revisão no texto, que se apresenta agora, em algumas passagens, ampliado, e, em outras, inteiramente refundido. A fim de facilitar a leitura, foram afastadas para as notas de rodapé as citações em línguas estrangeiras" (Grisi, 1978, p.X). Há, ainda, no texto da introdução, pequenas modificações, como o uso do itálico para registro das "falas de professores" ouvidos pelo autor e uma nota de rodapé, explicando que essa introdução "foi escrita antes da Lei de Diretrizes e Bases da Educação Nacional, ao tempo, portanto, dos chamados '*Programas oficiais*'".[2]

Estrutura e forma do livro

Em ambas as edições – pela Editora do Brasil e pela Nacional –, o conteúdo do livro está ordenado em quinze capítulos, contendo, no total, cem normas, seguidas dos respectivos comentários, os quais somam 77, na quarta edição, e 82, na décima edição.

Depois do título do capítulo, tem-se, invariavelmente, o "bordão", em itálico: "*Não é aconselhável...*", ao qual se seguem as normas, que sintetizam preceitos didáticos. As normas variam entre uma e onze por capítulo, sendo todas elas numeradas, introduzidas por reticências, encerradas com um sinal de ponto e vírgula e destacadas com recuo à esquerda, acrescentando-se o uso do itálico na décima edição; algumas normas são acompanhadas de um número entre parênteses, o qual remete a outra norma com conteúdo correlato e/ou complementar.

Os comentários variam entre um e dez por capítulo e contêm detalhamento, menos ou mais expandido, dos preceitos didáticos sintetizados nas normas. Por vezes, tem-se apenas um comentário para um conjunto de mais de uma norma; outras vezes, tem-se a apresentação de um comentário para cada norma. Os comentários estão em redondo, e alguns deles são

2 O autor refere-se aqui à Lei de Diretrizes e Bases da Educação Nacional, de 1961.

também acompanhados de um número entre parênteses, o qual remete a outro comentário; são também eivados de grifos, por meio do uso do itálico ou das aspas, que indicam didatização do texto, visando à facilitação da leitura, o que se relaciona com o fato de se tratar de um manual de ensino, destinado a professores ou futuros professores.

À guisa de ilustração da estrutura descrita, apresento a seguir um exemplo da sequência de título, bordão, norma e comentários, extraídos do primeiro capítulo da quarta edição de *Didática mínima*.

> I – AS ATITUDES FÍSICAS DO PROFESSOR
>
> *Não é aconselhável...*
>
> [...]
>
> 9.
>
> *... rabiscar a mesa durante a lição ou pisar fragmentos de giz no assoalho;*
>
> Não! Não se trata aqui de rabugices de didático ou de mestre-escola. Trata-se de desmazelo que não convém oferecer como exemplo à imitação dos alunos. Não se diga que o professor tem mais que fazer na sala de aula e não há de estar atentando a "bagatelas"... "*De minimis non curat praetor...*" é verdade. Mas, em educação, essas coisas mínimas são, muitas vezes, mais importantes do que outras usualmente muito valorizadas e, todavia, pouco valiosas... (Grisi, 1956, p.14) (Grifos do autor)

Essa estrutura formal permite que, dependendo do interesse, disposição e disponibilidade do leitor previsto, leiam-se apenas a sequência de estribilho e as normas, que constituem um conjunto relativamente autônomo em relação aos comentários, os quais são geralmente longos e de leitura mais demorada.

As notas de rodapé, de caráter bibliográfico ou explicativo, referem-se sempre a aspectos do conteúdo dos comentários. Na quarta edição, há 32 notas de rodapé, indicadas com asterisco, sendo sete delas explicativas e as demais, bibliográficas; estas contêm ora apenas a referência (por vezes, incompleta), ora a referência e a citação completa, no idioma original ou em português, do texto citado, parodiado ou parafraseado. Na décima edição, há 72 notas de rodapé, numeradas por capítulo, sendo catorze delas explicativas, e as demais, predominantemente bibliográficas. Nas notas explicativas, têm-se a expansão e/ou comentário do conteúdo de uma citação, ora explicações sobre etimologia de uma palavra ou expressão citada, ora informações sobre situações práticas vivenciadas pelo autor e que originaram determinado comentário. Nas notas bibliográficas, além da indicação do nome do autor, do título e, muitas vezes, da data do trecho citado, tem-se a citação no idioma original, que, nesse caso, foi citado em português no corpo do texto do comentário.

Ao final do livro, tem-se o Índice Onomástico, contendo 91 nomes, 72 deles citados apenas uma vez – no corpo do texto e nas notas –, e dezenove deles citados duas ou mais vezes, a saber: Sócrates (sete citações); Montaigne, Rabelais e Rousseau (seis citações); Dewey (cinco citações); Claparède, Comenius e Sêneca (quatro citações); Locke e Damasco Penna (três citações); Camões, Hérbart, W. James, Kant, Lourenço Filho, Pitágoras, J. Payot e Platão (duas citações).

Depois do Índice Onomástico, apresenta-se a "Relação completa das obras de 'Atualidades Pedagógicas'",[3] com um

---

3 A série Atualidades Pedagógicas, publicada pela Editora Nacional/SP e dirigida pelo professor J. B. Damasco Pena, é uma das séries da coleção

total de 132 títulos, dentre os quais, como se viu, o volume 84 é *Didática mínima*. Nessa relação, o nome de Rafael Grisi encontra-se ao lado dos de prestigiosos autores brasileiros e estrangeiros, que escreveram livros teóricos ou manuais de ensino, abordando temas diversos relacionados com a Educação, do ponto de vista do movimento de renovação educacional denominando "Escola Nova". Dentre os brasileiros, citam-se, por exemplo: Fernando de Azevedo, Anísio Teixeira, Afrânio Peixoto, A. Carneiro Leão; Onofre de Arruda Penteado; dentre os estrangeiros, por exemplo: Edouard Claparède, Henri Pierón, Henri Wallon, A. M. Aguayo, John Dewey, Lourenzo Luzuriaga, Roger Cousinet, Paul Foulquié, Hans Aebli.

O conteúdo do livro

Os capítulos versam sobre assuntos pertinentes ao cotidiano da prática docente, envolvendo: a) aspectos comportamentais "observáveis" da atividade docente: atitudes físicas e linguagem do professor, governo da classe, atitude diante das perguntas dos alunos, utilização do quadro-negro (capítulos I a IV); b) aspectos procedimentais relacionados com técnicas e recursos didáticos: perguntas do professor e condução dos trabalhos da classe, utilização do compêndio, do ditado, dos exemplos, do material didático, dos exercícios de fixação e das "chamadas orais" (capítulos VI a XI); c) aspectos comportamentais intrínsecos à situação de ensino e aprendizagem:

Biblioteca Pedagógica Brasileira, organizada por Fernando de Azevedo; essa prestigiosa série teve grande importância na disseminação do pensamento escolanovista no Brasil.

a disciplina e a autoridade do professor, os programas, os objetivos e valores do ensino e o diálogo (capítulos XII a XVI).

Em consonância com o método escolhido pelo autor para exposição do conjunto do conteúdo do livro, a ordem de apresentação dos capítulos parte de assuntos relacionados com aspectos mais concretos e observáveis da prática docente até aqueles mais abstratos e teóricos. As cem normas, por sua vez, sintetizam prescrições didáticas, que, como já apontei, visam à discussão e apreciação de "fatos e flagrantes das salas de aula", verificados pelo autor na prática pedagógica de professores e indicativos de "falhas em sua formação pedagógica". E os comentários concretizam os "argumentos explícitos" ou "sugestões veladas", onde se buscam os "princípios axiológicos que os embasam e [os] conhecimentos científicos de que descendem por filiação lógica" (Grisi, 1956, p.12).

É, portanto, nos comentários que se encontram a reflexão e a sistematização lógica dos dados da experiência, dos "fatos escolares" coligidos pelo autor. E é também nos comentários que se encontram, como um dos recursos na busca dos "princípios axiológicos", as citações ou remissões a textos de escritores, filósofos e psicólogos – a estes últimos Grisi se refere, na maioria das vezes, como "pedagogos" –, cujas datas de publicação das edições utilizadas variam entre 1890 (*L'Avenir de la science*, de Renan) e 1958 (*A educação funcional*, de Claparède), e muitos deles são citados no idioma original (latim, francês, inglês, espanhol).

Dentre os autores citados, alguns comparecem com função ora de ilustração de uma situação narrada, ora de "frase-de-efeito", ora de indicação de certa erudição e autoridade de Grisi. Outros, porém, comparecem com função de fundamentação científica dos argumentos apresentados pelo autor para justificar as normas e preceitos didáticos apresentados. É o caso sobretudo das citações e remissões a textos e ideias de Sócrates, Montaigne, Rousseau, Comenius, Hérbart, Dewey, Claparède. Do entrecruzamento do pensamento desse conjunto heterogêneo de "pedagogos" derivam os "princípios axiológicos" essenciais em que se baseiam a concepção de Didática e as demais concepções correlatas – educação, escola, professor, formação de professor, ensino, aprendizagem, método didático – explicitadas pelo autor.

Entendendo Curso Normal como um "[...] curso técnico *sui generis*, uma vez que tem por objetivo a formação de pessoal habilitado na *especialidade* de difusão da *cultura geral* [...]", Grisi (1956, p.88) afirma:

> [...] há uma ou duas "matérias" que constituem por assim dizer, o núcleo de estudos. São elas: de uma parte a *Didática* (Metodologia do Ensino Primário e Prática de Ensino ou da Direção da Aprendizagem) e, de outra, *a Pedagogia*. A *Didática* visa a dar ao futuro professor, por meio de exercício intensivo em situações de trabalho, tanto quanto possível, semelhantes às da vida profissional, o domínio seguro e esclarecido das técnicas racionais de influenciar cultural e valiosamente o homem imaturo. (Grifos do autor)

Quanto à escola, Grisi (1956) a concebe como uma instituição mantida precisamente com a finalidade de "possibilitar a *divulgação*, entre os contemporâneos, e a *preservação*, entre os pósteros, dos tesouros da cultura" (p.81). Atuando nessa instituição, professor e alunos têm funções específicas que decorrem de certa concepção de instrução e de educação defendidas pelo autor:

> [...] ao mestre não cabe povoar de *ideias* o cérebro dos alunos, mas encorajá-los e guiá-los nas aventuras do ato de *ideação*; [...] ao aluno não cabe armazenar *conhecimentos* na forma por que foram verbalmente asseverados por outros, mas experimentar e refletir; [...] a função do mestre em relação ao aluno não é a de *fazer reter*, mas a de *fazer pensar*; em síntese, não só instrução, mas também educação [...]. (Grisi, 1978, p.112) (Grifos do autor)

Nesse sentido, baseando-se sobretudo nas demonstrações da Psicologia da época e citando Pierre Janet e John Dewey, Grisi (1956) conclui:

> [...] pode-se enunciar da seguinte maneira uma *lei didática*, talvez o princípio fundamental da Didática: *no ato de ensinar – aprender, o que ensina não transmite ideias ao que aprende, mas símbolos, estimula e dirige a atividade da função mental da aprendizagem ou processo de elaboração de ideias do aprendiz* [...] Na prática, esse princípio significa: o professor não pode ser apenas um *fornecedor* e o aluno não é um *consumidor* de ideias envoltas em vocábulos. Cabe ao professor – e nisso consiste a prova de seu domínio da genuína "arte de educar" – submeter o objeto de estudo a um *tratamento didático*, isto é, organizar o conteúdo, a exposição, os exemplos, ilustrações, exercícios, experimentos etc. – de forma que, ao oferecer-se aos discentes, apresente as condições necessárias e suficientes à realização do ato de elaboração de ideias claras e distintas acerca do objeto por parte dos alunos. (p.39-40) (Grifos do autor)

Em relação ao método didático, opondo-se ao método dedutivo-formal e baseando-se sobretudo em sua apropriação do pensamento de Comenius e Rousseau, Grisi (1956, p.68) defende que, de acordo com a "boa norma didática":

> [...] deve-se partir dos fatos observados e dos exemplos um por um comentados, para descobrir, por generalização, as leis e os princípios. Primeiro o particular, o concreto, o real; depois o geral, o abstrato, o formular; os dados da experiência, da "aprendizagem informal e empírica", antes da reflexão e da sistematização lógica. Tal é o método científico, tal deve ser o método didático. Nas ocasiões em que o professor procede desse modo, cria, para os alunos, uma situação de trabalho semelhante à do cientista que pesquisa e descobre. A esse procedimento, que é uma transposição do método do descobrimento científico para o plano da didática, se tem chamado método da "redescoberta". É o mais fecundo no ensino, uma vez que está de acordo com o ato psicológico – e com a norma lógica – de descobrir e aprender.

Comparando-se essas concepções formuladas por Grisi em *Didática mínima* com as formuladas em sua tese de cátedra *Pedagogia e utopia* (1952b), observa-se que: na tese, certamente em decorrência de sua destinação a um público leitor especializado, tais concepções encontram-se melhor fundamentadas e mais expandidas; e em *Didática mínima* tem-se a tentativa de tematização que concretiza, de forma didatizada, os princípios dos "métodos normais", que, na tese, Grisi defende em oposição aos "métodos formais" e "métodos rituais".[4]

---

4 Segundo Grisi (1952b, p.21), o grupo dos "métodos formais" inclui os que "se caracterizam pela elaboração de esquemas padronizados da atividade didática. Via de regra, constam de uma enumeração dos

Segundo Grisi (1952b, p.20), o grupo dos "métodos formais", em que se tem grau máximo de liberdade de ação do professor e do aluno, "inclui os que se caracterizam pelo enunciado de alguns princípios gerais destinados a nortearem o pensamento do professor na pesquisa de um plano eficiente e econômico de atividade letiva". O autor aponta como representativos desse grupo os métodos de Sócrates, Rabelais, Comenius, Rousseau, Claparède, Dewey e Kilpatrick, explicitando assim as razões por que os classifica como "pedagogos".

Analisando o pensamento de Rousseau no *Émile*, Grisi (1952b) apresenta considerações sobre a "revolução copernicana" proposta por esse "pedagogo" e a consequente mudança no conceito de Didática:

> [...] radical mudança no modo de conceber a educação [que] conduz a uma mudança não menos radical na conceituação de "método didático" e, por consequência, a uma nova maneira de propor e encarar o problema da possibilidade do "método didático universal".
>
> Enquanto, dentro de contextos de vida social mais ou menos estáveis, se pôde supervalorizar a *matéria* de ensino e, como

---

'passos' sucessivos que devem ser percorridos em toda sessão docente". Como representativos desse grupo, o autor aponta os métodos de: Ratichius, Pestalozzi, Herbart, Jacotot e Decroly. O grupo dos "métodos rituais", por sua vez, inclui os "que se caracterizam por uma formulação completa, minuciosa e fixa, de toda possível conduta didática [...] O método se apresenta como o ritual da aula". Como representativos desse grupo, o autor aponta: os métodos de Alcuíno, de Basedow e do *Ratio Studiorum*, alguns ensaios de Comenius, Froebel e Decroly, e os compêndios, livros didáticos e cartilhas.

> consequência, a *memória* como "faculdade" de fixação, a Didática pôde ser concebida como a *arte de ensinar* ou *arte de transmitir conhecimentos*. Os "*conhecimentos*", súmula extraída da interpretação do mundo e da vida dominante, estavam "feitos" e constituíam a *matéria* de estudo e a razão de ser da escola. O método didático não constituía propriamente *problema: o modo pelo qual o professor devia manipular a matéria para que esta se imprimisse na memória do aluno* coincidia com o *modo pelo qual o saber se achava compendiado nos textos*.
>
> Contudo, desde que uma vigorosa "tomada de consciência" dos fenômenos de instabilidade e mudança da vida social se efetuou, acarretando, na esfera da reflexão pedagógica, o desprestígio da *matéria* e, como consequência, o da *memória*, e, em seu lugar, a supervalorização, respectivamente, das *reações* do aluno e da *inteligência*, a Didática passou a ser concebida como a *arte da direção da aprendizagem*, ou seja, como a técnica de organização de situações reais, suscetíveis de promoverem, com profunda força motivadora, as reações do aluno necessárias e suficientes à sua autoeducação. (p.241) (Grifos do autor)[5]

Ainda em relação ao método didático, Grisi (1952b) afirma que "ensinar com método significa ensinar de acordo com as *leis* que presidem à aprendizagem" (p.262):

> [...] "ter método didático" ou ensinar com método significa "racionalizar" a ação docente ou educativa, e é na medida em que o professor conheça as "leis da aprendizagem" que poderá ter

5 Por se tratar de pesquisa histórica, nesta e nas demais citações de trechos ou títulos de textos mantive a ortografia da época em que foram escritos/publicados.

> método, e é na medida em que tiver método – no caso, o "método didático universal" – que poderá construir, para cada momento de sua atividade e em face da imensa variedade de situações que esta lhe apresentar, os "métodos" particulares que cada um reclama. (p.264)

Uma "Didática de emergência ou de transição"

Como já apontei, nesse livro o autor se propõe a apresentar uma "'súmula', à maneira medieval, de algumas '*Questiones Disputatae*'", expressas, por meio de observações, comentários, erros e normas pedagógicas – que não pretendiam ser absolutas ou de aplicação universal, cabendo ao professor decidir sobre a "oportunidade de sua observância, completa ou parcial, imediata ou gradativa" –, apresentadas de acordo com o método indutivo e de forma didatizada, a fim de facilitar a leitura, por parte de professores primários e secundários e estudantes de Didática, e fazer "a Pedagogia descer do céu à terra", em atendimento às críticas ouvidas de profissionais de ensino e estudantes, que censuravam o ensino pedagógico e principalmente o de Didática tal como era ministrado nos cursos normais e nas faculdades de filosofia e apontavam o "divórcio" entre a situação concreta das escolas e a idealização do ofício do magistério assim como o caráter utópico, contidos na bibliografia utilizada e em todo o pensamento pedagógico. Em outras palavras, o propósito do autor era buscar, por meio de tematização didatizada e como uma posição intermediária entre a Didática (então) ideal e a Didática (então) usual, uma "Didática de emergência ou de transição", isto é, uma Didática que visasse a solucionar o "divórcio" apontado anteriormente.

Problematizando esse sentido pretendido pelo autor, podem-se, porém, atribuir outros sentidos à posição defendida no livro, a partir do entrecruzamento dos pontos de vista tanto do conjunto da produção intelectual e atuação profissional de Grisi, quanto da trajetória histórica da Didática no Brasil.

No âmbito da produção e atuação de Grisi – e menos no aspecto cronológico, uma vez que parte significativa de sua produção intelectual data dos anos 1950, do que no aspecto "ideológico" –, o livro e a Didática nele proposta podem ser considerados como uma espécie de transição entre princípios teóricos "máximos" sintetizados em sua produção acadêmica (sobretudo as teses de livre-docência e de cátedra), dirigida a um público especializado, e preceitos didáticos "mínimos", concretizados em sua produção didática (pré-livro, cartilha e livros de leitura), destinada à utilização, por parte de alunos e professores, em situação de ensino escolar. Nesse sentido, *Didática mínima* funciona como um manual de ensino, e o caráter emergencial da Didática nele proposta deriva da necessidade de o autor oferecer respostas aos problemas práticos detectados, visando à racionalização da atividade docente e a fazer também suas ideias pedagógicas "descerem do céu à terra", por meio da flexibilização e relativização de princípios teóricos, a fim de adequá-las à imagem que tinha e à concepção que propunha de professor e de sua formação.

Esse propósito de Grisi se encontra em sintonia com as reorientações de ideias e práticas no âmbito da Didática (Garcia, 1995), ocorridas a partir de meados dos anos de 1950, que, a despeito das profundas mudanças sociais e políticas e das enfáticas reorientações no âmbito da educação brasileira – dentre as quais destaco as relativas à legislação educacional[6] e aos cursos de formação de professores –, tiveram, ao longo das décadas seguintes, sempre como pano de fundo a *permanência* do caráter técnico, instrumental e normativo da disciplina e do campo de conhecimento – relacionado, inicialmente, com os princípios do movimento da Escola Nova e da psicologia experimental e, mais tarde, sem abandonar aqueles, os do movimento da Tecnologia Educacional – que atingiu suas últimas consequências nos anos 1970, gerando assim aquele questionamento programático, de acordo com certos referenciais teóricos de cunho sociológico-marxista que adentram à cena acadêmica brasileira a partir dos anos 1980.

Se pensada do ponto de vista deste presente, tal permanência caracteriza um período que, no âmbito da trajetória histórica da Didática no Brasil, pode ser interpretado como de *transição* entre a definição e a consolidação do caráter técnico, instrumental e normativo e seu questionamento, do qual decorre o movimento de revisão da disciplina e do campo de conhecimento, em busca de sua contextualização social e política.

A sintonia entre os propósitos de Grisi e essas reorientações – sobre o pano fundo da *permanência* – de ideias e práticas no âmbito da Didática pode explicar, dentre outros: a também *permanência*, no cenário educacional brasileiro e no âmbito de uma série editorial de prestígio e ampla repercussão, do livro analisado assim como sua utilização como manual de ensino pelos destinatários previstos, por mais de três décadas,

6 Dentre as leis mais significativas, no período, têm-se: Lei Orgânica do Ensino Normal, de 1946, Lei de Diretrizes e Bases da Educação Nacional, de 1961, e Lei n.5692, de 1971.

conforme indica o número de edições que alcançou;[7] e, decorrentemente, a permanência, no tempo, do conjunto de preceitos didáticos de caráter técnico, instrumental e normativo propostos no livro e centrados em: uma concepção de ensino como direção técnica da aprendizagem; uma concepção de prática docente como, predominantemente, um conjunto de comportamentos e atitudes aconselháveis e desejáveis, para que se efetive a aprendizagem do aluno; uma concepção de professor como executor de um conjunto de procedimentos e técnicas desejáveis do ponto de vista científico; de sua formação como uma questão técnica visando à habilitação legal para execução de projetos pedagógicos oficiais, que buscavam, por sua vez, contemplar certas urgências políticas e sociais, do momento históricos em que foram gerados; e uma concepção de Didática como disciplina acadêmico-científica e campo de conhecimento, cujo conteúdo central e objeto de estudo, respectivamente, é o "método didático universal", que

> [...] não somente é possível, mas legítimo, porque não é mais do que a hábil utilização do conhecimento das leis científicas, derivada da "natureza das coisas" – [e] não pode ser expresso, é óbvio, por um "receituário", "formulário" ou "ritual" didático; somente pode constar de *princípios gerais* normativos, princípios que não são, por sua vez, senão corolários práticos ou técnicos

---

7 Embora não caiba nos limites deste artigo, a permanência do livro pode ainda ser problematizada por meio de uma análise comparativa entre este e os demais manuais de Didática que circulavam à época, como por exemplo os de Filocelina C. M. Almeida e Luiz A. Mattos analisados por Garcia (1994).

das leis gerais do fenômeno da aprendizagem. (Grisi, 1952b, p.264) (Grifos do autor)

É justamente no que se refere à busca do método didático universal que Grisi busca estabelecer o diálogo entre *Didática mínima* e *Didática magna*: tratado da arte universal de ensinar tudo a todos, de J. A. Comenius (1592-1670), que contribuiu significativamente para a criação da Didática como disciplina e campo de conhecimento autônomos.

No entanto, é também essa pretendida busca do método didático universal, por meio de uma didática que se apresenta como *mínima* – porque de *transição* e *emergencial*, situada entre a Didática (então) ideal e Didática (então) usual, constituída de princípios gerais normativos enquanto corolários práticos ou técnicos das leis gerais do fenômeno da aprendizagem e fundada em imagens e concepções pouco elogiosas de professor e sua formação –, que pode ser considerada, paradoxalmente, o principal fator explicativo tanto da *permanência* do livro no cenário educacional brasileiro, especialmente no que se refere a sua utilização como manual de ensino pelos leitores previstos, quanto do silêncio acadêmico a respeito do livro e seu autor, que sintetizam e, ao mesmo tempo, contribuem para disseminar certo discurso *sobre* e *da* Didática, alvo de críticas e propostas de superação, em especial nas últimas décadas.

O livro de Alzira[1]

Há alguns anos, recebi a visita de Dona Alzira que me presenteou com um exemplar de seu livro *Será que fui eu?* Até então, ela era somente uma vizinha simpática, que algumas vezes eu encontrava em suas caminhadas matinais, acompanhada da inseparável bengala.

O motivo da visita e do presente era o duplo desejo de compartilhar a alegria que o livro representava em sua vida e pedir minha avaliação como professora universitária. Li-o logo em seguida; mas, desde então, estou a dever a essa senhora resposta mais consistente e convincente do que as singelas palavras que em encontro casual lhe apresentei: "Parabéns! Gostei muito do seu livro. Não é pouca coisa que uma mulher na sua idade tenha interesse em contar sua história e coragem e meios de fazê-lo. Isso é mesmo algo de que se orgulhar".

Reli o livro outras vezes e, quanto mais refletia sobre ele, menos considerava possível dizer a Dona Alzira o que penso. Receava não conseguir dizer a essa senhora negra, "semianalfabeta"

1 Publicação original: Mortatti (2013).

e então septuagenária, que gostei ou não do livro, sem que uma ou outra apreciação pudesse parecer, a mim e a ela, atitude de tolerante benevolência, ou de arrogante discriminação, por parte de outra mulher um pouco mais jovem, branca e... professora universitária.

Com o passar dos anos, porém, relendo o livro mais algumas vezes, ao receio inicial foi se sobrepondo a necessidade de acolher, de fato, a interlocução com Dona Alzira e, a exemplo dela, ter coragem de dizer, por escrito, quais sentidos posso atribuir ao seu presente. Da necessidade de saldar essa "dívida" é que se originou este texto, em que apresento a análise da configuração textual do livro. Marcada por diferentes níveis de compreensão, conforme as incontáveis vezes que o li, essa análise foi desenvolvida no ritmo de uma história de leitura aqui apresentada em quatro momentos que se entrecruzam no movimento em vórtice (Magnani, 1993) do processo de análise e interpretação: a leitura inicial do livro "fechado"; com o "livro aberto", a leitura da história e da narrativa; a leitura de síntese no "fechar-abrir" o livro; a leitura interpretativa "aberta" com o "fechamento" do livro.

Em todos esses momentos, preocupei-me em atentar para os protocolos de leitura (Scholes, 1992) propostos no conjunto de aspectos da configuração desse texto *escrito*, que, como tal, tem por finalidade ser lido por diferentes leitores, em diferentes lugares e em diferentes tempos. Mesmo quando tive dúvidas sobre certos trechos da história ou sobre aspectos do processo de escrita e confecção do livro (como, por exemplo, se o texto original fora manuscrito pela autora, se fora ditado para um "escriba", em que consistira a função do "organizador"), optei por não pedir esclarecimentos a Dona Alzira. Busquei, assim, sobretudo respeitar sua condição de autora e o correspondente desejo de ser compreendida na interlocução à distância, podendo-se, para isso, prescindir de sua presença física/empírica como autora-explicadora.

Apesar de todos os cuidados, posso não ter conseguido evitar os riscos tanto de enquadrar o livro nos moldes acadêmicos, empobrecendo possibilidades interpretativas, quanto de ceder à tentação de fingir ignorar o lugar acadêmico que ocupo, expondo a mim e ao livro a um possível descrédito interpretativo.

Mesmo assim e antes que seja tarde demais, convido os leitores a compartilharem a interlocução com Dona Alzira. Com base na hipótese segundo a qual ler e produzir textos escritos são atividades especificamente humanas, cujo aprendizado modifica qualitativamente os modos de pensar, sentir, querer e agir dos sujeitos que aprendem a ler e escrever, minha leitura visou à compreensão do sentido que posso atribuir ao livro e se desenvolveu em torno de uma questão que me intrigou como um enigma, assim como é enigmática a vida de cada um de nós: por que motivo Dona Alzira escreveu suas memórias e as publicou em livro?

Apresentação do livro

Será que fui eu?, de Alzira Silvéria, foi publicado em 2005, sob a forma de livro impresso e como "edição de autor", pela Scortecci Editora (SP), com formato 14 x 21 cm, encadernação em brochura e 75 páginas.

Indícios do que se apresenta no livro estão presentes na composição gráfica da capa plastificada. Sugerindo "coisas antigas", predominam cores no tom sépia, com sobreposição, em dois planos e com tamanhos e tratamento gráfico diferentes, da mesma foto de estúdio, com retrato em pose de uma mulher, jovem, de pele morena, sorridente, vestida, adornada e penteada com elegância, conforme padrões de moda característica provavelmente da década de 1950, no Brasil. Sobre ela e quase imperceptível à primeira vista, há a imagem de um ponto de interrogação em tons degradê e cujo formato, assim como o movimento decorrente da acentuação de cor, sugere o efeito visual de areia que desliza para a base de uma ampulheta, indicando a passagem do tempo.

No topo da capa, encontram-se: o nome da autora, destacado na cor branca; e, abaixo da imagem centralizada em primeiro

Figura 2 – Capa do livro *Será que fui eu?*, de Alzira Silvéria

Fonte: Acervo de Maria Mortatti.

plano, na cor branca e com letras de tamanho maior, o título do livro, enunciado por meio de frase interrogativa que contém expressão de dúvida ("será que") sobre a condição pretérita ("fui") do sujeito ("eu") do discurso produzido no presente e referente a algo ocorrido em seu passado.

No plano de fundo da contracapa, repete-se, em posição espelhada, a foto com o ponto de interrogação sobreposto. Sobre ambos, há um texto assinado pelo neto da autora, Acauam Silvério de Oliveira, que destaca o lirismo e o valor sociológico, histórico e humano da "história de uma *mulher marcada*", "[...] história feita de supressões, vazios e violências marcando presença em cada vírgula", que é também "uma micro-história dos negros brasileiros", "[...] verdadeira lição para aqueles que não acreditam na existência do racismo no Brasil", e que contribui para "[...] iluminar um pouco mais a compreensão do que é o Brasil e do que é a vida".

Na segunda folha de rosto, a autora apresenta agradecimentos a Deus, que a inspirou, a sua filha, Elionora, que a ajudou, e a seu neto, Acauam. Segue-se um prefácio datado de 2004 e assinado pelo pastor Venilson Rezende, da Terceira Igreja Batista de Marília/SP, cidade onde reside a autora. Considerando que "Há vidas que marcam a história!", o pastor destaca seu aprendizado da lição de vida e fé na convivência, na "mesma comunidade eclesiástica", com Dona Alzira, sua "irmã" e "ovelha". O livro contém, ainda, um texto de apresentação, assinado por Alcides Campos, que se identifica como "organizador" da história, destaca "[...] os privilégios e conquistas de tudo que Dona Alzira conseguiu com as graças e ajuda de Nosso Senhor Jesus!" e informa em que consistiu sua função de organizador:

> A história é narrada pela própria Alzira, com toda beleza e simplicidade das palavras de alguém que, contando apenas com o segundo ano do antigo primário, escreveu sua vida com muita garra e entusiasmo, trazendo riquíssimos exemplos a todos nós. Por isso, quando precisamos acrescentar algumas palavras ao texto original, tomamos todo o cuidado para não fugir das ideias da personagem principal. Apenas tentando enriquecer tudo que Dona Alzira viveu, viu e aprendeu durante esses 73 anos de existência. (Campos *in* Silvéria, 2005, p.11)

A história de Alzira

Trata-se de narrativa autobiográfica em prosa, no gênero memórias. O pertencimento a esse gênero narrativo é indicado já por meio da reprodução do retrato na capa, é informado na ficha catalográfica, no prefácio, na apresentação, nos intertítulos, no texto de contracapa e é explicitado em vários momentos da narrativa, cuja narradora-protagonista tem nome idêntico ao da autora, conforme consta na capa e nos demais elementos paratextuais (Genette, 1982) mencionados.

Por meio da identificação entre autora, narradora e protagonista, é estabelecido o "pacto autobiográfico" (Lejeune, 1975), ao qual, no caso do livro em análise, deve-se acrescentar a condição de narrativa não ficcional. Essa condição é tanto enfatizada pelos autores do prefácio, da apresentação e da contracapa quanto informada reiteradamente na narrativa, como nos dois trechos seguintes, extraídos, respectivamente, dos capítulos: "Não pretendo ser escritora" e "Esta é a história de minha vida": "Com esse livro, somente quis contar a história da minha vida [...] sem comprometer ninguém" (p.72);[2] "Talvez eu tenha esquecido de alguma coisa, mas *tudo que narrei foi somente a mais pura verdade*" (p.74, grifos meus).

Na condição de leitora, vi-me, assim, também convidada a participar do pacto autobiográfico proposto no livro, com a expectativa de nele encontrar a narração de acontecimentos "reais/verdadeiros", mesmo quando a narradora informa em nota de rodapé: "A fim de preserva-lhes a individualidade, algumas pessoas citadas nesta obra tiveram seus nomes trocados" (p.12).

A história é contada de perspectiva autodiegética e se passa entre 1930 e 2003. Está organizada em 39 capítulos breves, não numerados, com intertítulos de caráter predominantemente informativos. Não estão, porém, organizados em ordem cronológica estrita, no que se refere à sequência dos episódios narrados em cada um deles, ou mesmo internamente a cada capítulo. Ao estilo, por vezes, da livre associação de lembranças, a narradora interrompe a linearidade temporal, recorrendo a *flashback* e *flashforward*, especialmente quando descreve a si mesma ou a personagens, como tios e tias, que fizeram parte de sua vida desde a infância.

A extensão dos capítulos varia entre uma página (a maioria deles) e três páginas e meia (dois deles), podendo ser agrupados em cinco blocos, cada um correspondendo à demarcação de conjunto de episódios ocorridos nos períodos e respectivas cidades em que a narradora-protagonista morou. Demarcando concretamente a mobilidade física e o deslocamento

2 A partir daqui, indicarei somente o número da página, quando se tratar de citação do livro em análise.

geográfico/temporal da protagonista, cada conjunto de episódios é demarcado pelos momentos de ruptura entre as fases de sua vida, como tentativas de recuperação ou dos danos que sofreu ou carências que sentiu (Propp, 1984).

Os 22 primeiros capítulos (p.12-34) são destinados ao relato de episódios da vida de Alzira na cidade de São Lourenço/MG, desde seu nascimento, em 1930, até o falecimento da mãe, em 1945.

A narrativa se inicia com a apresentação, em terceira pessoa e em tom ficcional, da protagonista aos 5 anos de idade: "Era uma vez, no ano de 1935, uma menina muito miudinha, bem franzina, com seus cinco aninhos de idade" (p.12). Em rápidos *flashbacks*, a narradora retoma a história da menina desde seu nascimento, informa sobre a condição de filha de "mãe solteira", "mas corajosa e amorosa" (p.13) e sobre o "desarranjo intestinal" de que a menina sofria, passando a narrar o episódio que representou a primeira mudança importante em sua vida. A mãe a levara para consulta com um rico fazendeiro da região, que utilizava remédios homeopáticos e "não cobrava nenhum vintém por isso", pois "gostava de ajudar as pessoas pobres" (p.12). Ele e sua esposa se encantaram com a menina, que, com a concordância da mãe, passou a viver com o casal, mas somente até o final do tratamento, não como adotada. Apesar de sentir saudades da mãe, que a visitava sempre, a menina era feliz vivendo com seus "padrinho" e "madrinha": chamavam-na de "Alzirinha" ou "neguinha", era a "mascote da casa" e tinha a incumbência de fazer cafuné no fazendeiro; tinha boas roupas, sapatinho de verniz, fitas no cabelo e até babá; chegou a "trabalhar" como guia de turismo, pelo que recebia gorjetas que guardava em um cofrinho; e aprendeu "as primeiras letras do alfabeto".

Os episódios narrados nesse capítulo (um dos mais extensos) caracterizam, assim, a situação inicial de bem-estar da protagonista: "Bons tempos aqueles em que *eu* era feliz e não sabia" (p.15, grifo da autora). Esse equilíbrio, porém, foi rompido após dois anos. Com a morte do fazendeiro, a menina voltou a morar e viver em condições humildes, sem conforto, mas feliz por estar na companhia da mãe. Aos 7 anos de idade, começou a frequentar o curso primário e, como já sabia ler e escrever, foi transferida para a turma de segundo ano e foi aprovada para cursar o 3º ano do curso.

Novo desequilíbrio, dessa vez literal, mudou o rumo de sua vida: ela caiu de uma goiabeira e quebrou a perna esquerda. A demora na constatação da fratura e a negligência do "médico dos ricos", a quem foi levada ingenuamente por uma parente, acarretaram graves e crônicos problemas de saúde, seguidos de longo período de internação hospitalar, ameaça de amputação da perna (o que somente foi evitado porque sua mãe, embora fosse "mulher humilde e analfabeta" (p.19), demonstrava ter "muita fibra e discernimento" (p.19) para tomar decisões que protegessem a filha), teve tumores nas axilas causados por muletas inadequadas durante o período de recuperação e impossibilidade de andar, tendo de se arrastar no chão, até que um conhecido se apiedou, fez muletas de cabo de vassoura e a menina voltou lentamente a andar.

As condições de vida e moradia se deterioraram para a menina e sua mãe. O relato desse momento triste da vida da protagonista é temporariamente interrompido, dando lugar a quatro capítulos contendo descrições de familiares seus e relatos de episódios com eles ocorridos, caracterizando-se como retratos sociológicos da época.

Seu avô, Leopoldino, que "bebia, mas era divertido" (p.24) e "não usava calçado, nunca" (p.25), tivera dificuldades em aceitar a nova criança da família, mas, com o passar do tempo, "Zirinha" se tornou a preferida entre seus netos.

> Quando eu era recém-nascida e vô Leopoldino chegava em casa *de fogo*, falava para minha mãe:
>
> — Joga esta batata descascada no rio! Isso não presta!
>
> Ele dizia isso porque todos da família eram negros bem escuros, e eu, filha de pai branco, era "*a diferente*" da casa. (p.24, grifos da autora.)

Sua mãe tinha três irmãs, todas vitimadas precocemente pela tuberculose, e três irmãos. Um deles era "[...] negro simples, forte e analfabeto, bastante conhecido na cidade porque prestava alguns pequenos serviços nas casas" (p.28) e conhecedor de plantas medicinais. O caçula, que perdera quatro dedos de uma das mãos, mas tocava cavaquinho e trabalhava em hotel como ajudante de cozinha, auxiliou a menina e sua mãe, até o momento em que esta adoeceu e faleceu, vítima de tuberculose, com 28 anos de idade.

Nos dezessete capítulos seguintes (p.35-52), são relatados episódios da vida da protagonista, ocorridos entre 1945 e 1961, na cidade do Rio de Janeiro, para onde, depois do falecimento da mãe, tomara a decisão de se mudar, contratada para trabalhar como empregada doméstica e morar na casa da patroa. Na mesma profissão, teve outros empregos, conheceu a exploração de seu trabalho e também foi bem-tratada, tendo conhecido detalhes da vida da classe média carioca. Durante esse período, viveu momentos difíceis – como outro problema de saúde que a deixou novamente hospitalizada –, mas também teve novas e ricas experiências: especializou-se como cozinheira, frequentava cinemas, assistia aos desfiles carnavalescos, ouvia e participava de programas radiofônicos de auditório, tendo se tornado fã da cantora Marlene, leitora da *Revista do Rádio e* "macaca de auditório" (p.43), o que a ajudou a ganhar prêmio de 600 mil réis em um programa de perguntas sobre astros do rádio e, com esse dinheiro, pôde assistir à festa do Quarto Centenário da Cidade de São Paulo, em 1954. Meses depois, participou do velório do presidente Getúlio Vargas, que deixou "[...] órfãos milhões de trabalhadores brasileiros" (p.51). Talvez tenha sido tirada nesse período a foto da autora que ilustra a capa do livro.

Com 19 anos de idade, Alzira conheceu um rapaz negro bonito e charmoso, trabalhador e inteligente, três anos mais jovem do que ela. Decidiram morar juntos e compraram e reformaram um barraco em morro no bairro do Botafogo, onde viviam em comunidade com os vizinhos. Em 1955, nasceu sua filha; no ano seguinte conseguiu tratamento hospitalar, para tratar das sequelas da fratura na perna; e, em 1961, tendo descoberto que o companheiro a traía, fugiu para a cidade de São Paulo, levando a filha, então com 6 anos de idade, deixando para trás a casa com tudo o que tinha conseguido adquirir: "Só me importavam minha dignidade e minha filha" (p.52).

Nos quatro capítulos seguintes (p.53-9), a narradora relata episódios de sua vida, entre 1961 e 1978(?), ocorridos na cidade de São Paulo, onde morou sempre no bairro do Brás, "[...] para não interromper os estudos da filha" (p.58). Por dificuldades em cuidar sozinha da menina, foram muitas suas tentativas de conseguir emprego e moradia. Conseguiu sobreviver e se estabilizar com o "apoio, o conforto e o bem-estar" recebidos de "mulheres negras" (p.58), que a acolheram em casa e se tornaram suas amigas. Essas mulheres, como outras pessoas negras, frequentavam a igreja que também a protagonista, com 33 anos, passou a frequentar, tendo cantado no coro (onde não era a única "Alzira"), até ser afastada. Entre 1966(?) e 1978(?), trabalhou em uma grande magazine da capital paulista; por um ano e dois meses como cozinheira para mais de mil funcionários; depois, como costureira na oficina de costura.

> [...] e hoje, olhando para trás, não sei como pude aguentar todo esse tempo. Ia do parque Dom Pedro até a praça Ramos de Azevedo, com sol, chuva, frio ou calor e, às vezes, ainda fazia hora extra! Hoje penso: – *Será que fui eu*?!
>
> De onde vinha toda aquela força? A força vem do alto; vem de Deus, confia nele; acredita e Ele tudo fará! (p.59, grifo meu)

Seguem-se três capítulos (p.60-2) destinados à narração de episódios da vida da protagonista ocorridos, entre 1978(?) e 1982(?), na cidade do Rio de Janeiro, para onde, depois de ter se demitido do emprego na capital paulista, mudara novamente, para cuidar da filha que contraíra tuberculose e morava naquela cidade com o marido paulista. Em 1980, nasceu seu neto, e, como presente de 50 anos, ela ganhou da filha uma viagem à cidade de Manaus/AM.

Nos nove últimos capítulos (p.63-75), são relatados episódios vividos entre 1983(?) e 2003, na cidade de Marília/SP, onde a narradora-protagonista passou a residir com o neto e a filha, que se separara do marido e fora transferida de emprego.

Em homenagem a essa cidade, a protagonista escreveu versos sob o título "Cidade 'Símbolo de amor e liberdade'" (p.65). Encontrou a Terceira Igreja Batista, contou sua história para o pastor, foi aceita na igreja, em cujo coro passou a cantar (dessa vez, era a única "Alzira"), e se considerou convertida, nessa sua "segunda fase" no "conhecimento da verdade" (p.71). Quando completou 60 anos de idade, ganhou de presente da filha uma viagem à Bahia, acompanhada de uma de suas amigas paulistanas.

A escrita de suas memórias, encerrada em 2003, é o último episódio da vida da narradora-protagonista, mas não o desfecho da vida da autora-narradora, que, assumindo-se como tal, no penúltimo e no último capítulos do livro assim se autodescreve e reflete sobre o medo da morte:

> Uma menina negra, sem pai (porque não o conheci), sem irmãos, de origem humilde, mas com muita fé em Deus e muita coragem, que enfrentou a vida confiando que o dia de amanhã seria melhor do que o de hoje.
>
> Nunca tive inveja de ninguém, nem fumei, nem me prostituí. Não conheço droga nenhuma nem me tornei alcoólatra.
>
> Vivi em Minas Gerais, Rio de Janeiro, São Paulo e Marília, porém continuo mineira, porque o poeta (Olavo Bilac) nos ensinou:
>
> "Ama com fé e orgulho a terra em que nasceste!" – palavras que sigo ao pé da letra, pois sou mineira, com muito orgulho! Uai. (p.74, grifos meus)
>
> Não tenho medo da morte, pois já me defrontei com ela várias vezes.
>
> A primeira vez foi quando sofri o acidente da perna e fiquei algum tempo desmaiada. A segunda foi durante a operação da

mesma perna, quando, sob efeito da anestesia, apaguei por várias horas. A terceira vez foi quando trabalhava no restaurante da loja em SP. Naquele dia, o espremedor de limão industrial explodiu em minhas mãos e me atirou longe, numa descarga de 220 volts. Lembro que estava com um chinelo de borracha e em cima de um caixote; desmaiei e, quando voltei a mim, fiquei sem falar por alguns minutos; tive uma crise de tremedeira e não conseguia me controlar.

Mas o Senhor me queria viva, para contar e falar de Suas grandezas e também escrever esta história. Obrigada, Senhor! (p.71)

A narrativa

Conforme característica da autobiografia, na narrativa em análise é tematizada uma vida individual, e o discurso da narração é coerente tanto com a personalidade da narradora-protagonista, a importância que atribui a sua vida e a compreensão que dela tem, quanto com a função social que atribui ao relato escrito e sua publicação em livro.

Também característico do gênero, o tempo da narração é posterior ao tempo da narrativa, o que propicia à narradora-protagonista condições de, por meio de uma visão retrospectiva de sua existência, selecionar episódios e ponto de vista.

Na narrativa em análise, são predominantes a estrutura sintática coordenativa e a linearidade na sequência cronológica dos fatos narrados. Os recursos a recuos e avanços temporais, menos frequentes, ocorrem ou entre capítulos ou dentro de um capítulo, em momentos de lembranças marcadas por maior grau de tensão ou distensão, relativamente aos episódios narrados, apontando escolhas (conscientes ou não) da narradora, por sua vez indicativas de semelhanças em relação tanto à narrativa oral quanto à narrativa escrita.

Iniciado *in media res*, como se o objetivo fosse criar um clima de suspense e situar a narrativa no plano ficcional, o primeiro capítulo se encerra com a informação que faz a passagem para o plano do real/autobiográfico: "Pois essa menina sou eu" (p.15). A partir daí, a narrativa se desenvolve em ritmo lento e envolvente, até aproximadamente o 26º capítulo, em que a narradora-protagonista informa e reflete, em capítulo de uma página, sobre os doze anos em que trabalhou no "grande magazine em São Paulo".

Esse momento pode ser caracterizado como clímax da narrativa, com o qual se "encerra" o ciclo de episódios relativos ao período de formação da menina e da adolescente e de sua imersão no mundo público e adulto, onde enfrentou adversidades ainda maiores, como a exploração no emprego de doméstica e o serviço pesado e penoso no grande magazine, mas também viveu momentos alegres, como os de lazer que eram possíveis aos trabalhadores brasileiros, especialmente os que moravam na capital federal.

No 26º capítulo, ganha relevo a voz do presente da narradora: "[...] *hoje*, olhando para trás, não sei como pude aguentar todo esse tempo. [...] *Hoje* penso: — Será que fui eu?" (p.59, grifos meus). A partir de então, os episódios vão sendo gradativamente resumidos, por vezes em algumas linhas, com diminuição de quantidade de detalhes. A narradora-protagonista informa, por exemplo, que não se casou novamente, mas não diz se voltou a trabalhar ou se se aposentou, nem como passou a viver em Marília.

Especialmente a partir de sua chegada a essa cidade e da conversão religiosa, com a aproximação entre tempo da narração e tempo da narrativa, tem-se um predomínio gradativo da tentativa de, conforme um ponto de vista religioso/cristão, explicar o vivido como concretização de vida exemplar. Como se sua existência tivesse se tornado uma sequência de momentos de rememoração do passado, decresce a fluência narrativa e se acentuam tanto a tentativa de justificar a escrita de si quanto a dissertação exortativa, estabelecendo-se um diálogo mais direto com o leitor, como se ecoasse conselhos recebidos do pastor: "Com este livro, somente quis contar a história da minha vida e dizer que 'nunca se deve desanimar, mesmo nos momentos mais difíceis. Não perca sua confiança, saiba que Deus nunca vai lhe dar um peso maior que a sua força'." (p.72).

Marcada pelas características emocionais e pelo ponto de vista da narradora-protagonista, a narrativa é caracterizada pela parcialidade, não tanto do que a protagonista vive e vê, mas do que ela considera importante registrar, seja do ponto de vista da "história de superação", que parece ter escolhido para dar sentido a sua vida e a sua história, seja do ponto de vista da interlocução pretendida, explicitamente, com sua filha e seu neto (ambos formados em curso de Letras), além dos futuros bisnetos, ou, ainda, com "outros" interlocutores. Dentre estes, podem-se incluir os "mais de quinhentos 'irmãos'" (p.70) da comunidade eclesiástica a que pertence e, sobretudo, o pastor, a quem, primeiramente e de forma oral, a protagonista relatou sua história, talvez visando a ser admitida na Igreja. É possível que esse interlocutor tenha marcado, como autoridade religiosa, o ponto de vista da narradora-protagonista e a tenha incentivado a escrever sua história, para servir de exemplo.

Essas escolhas explicitadas no plano do enunciado podem também ser encontradas no plano da enunciação. Considerando o "pacto autobiográfico" não ficcional, o "eu" que lembra é supostamente o mesmo "eu" que viveu o que narra. Na narrativa em análise, porém, embora predomine o foco narrativo em primeira pessoa do singular, por vezes tem-se a impressão de distanciamento entre a narradora-protagonista e os fatos narrados, como se, em vez de também atuar, ela exercesse a função de meramente narrar fatos vivenciados por outro, como se esse distanciamento decorresse de um ponto de vista assumido no presente da narração, depois, portanto, de a protagonista ter sido "convertida".

No plano da enunciação, tem-se a narradora-protagonista quando idosa, que rememora e busca se apropriar de sua vida e lhe conferir um sentido como versão autorizada de si. No plano do enunciado, deixam-se entrever aspectos do momento de viver a infância, a juventude, a vida adulta, que, embora aprisionados nessa versão, são eloquentes em relação ao vivido. Conforme o olhar desde o presente da narradora, esses aspectos apenas entrevistos talvez sejam indicativos também da incômoda consciência de ter sido excluída, de ter vivido à margem. Talvez seja a isso que a narradora involuntariamente se refere no trecho "[...] talvez eu tenha esquecido de alguma coisa [...]", e que seu neto destaca no texto da contracapa: "Uma história feita de supressões, vazios e violência marcando presença em cada vírgula". Pode-se considerar, assim, que as lacunas e os silêncios do sofrimento da narradora-protagonista estão a serviço da versão de seu presente de autora-narradora, que quer deixar registrada, como expectativa humana de imortalidade, uma história que concretiza seu desejo de inclusão: na família, na sociedade, na Igreja, na cultura escrita.

Embora se trate de um relato autobiográfico, os aspectos apontados indicam a possibilidade de existência de ao menos duas protagonistas diferentes: a *narradora*, que, do presente, se apresenta como superação da *protagonista*, a qual, no passado, viveu os episódios narrados. Como exemplos de indícios dessa diferença, podem ser mencionados: a oscilação, nos capítulos iniciais, entre pronomes de primeira ou terceira pessoa do singular em referência à protagonista; a exortação ao leitor, predominante em capítulos dos blocos finais; os qualificativos abundantes, para expressar juízos de valor positivo em referência às pessoas que ajudaram a protagonista: sua mãe, o fazendeiro e sua esposa, seu avô, seu tio João, as pessoas da "comunidade" do morro em que morou no Rio de Janeiro, "as mulheres negras" de São Paulo, a comunidade eclesiástica que a acolheu em Marília; ou, raras vezes, juízos de valor desqualificativos em relação às pessoas que não a ajudaram.

E embora se constate o esforço de "controle" discursivo sobre as interpretações do vivido, buscando evitar pluralidade de pontos de vista, conforme o foco narrativo característico do gênero autobiográfico, podem-se identificar as diferentes vozes: a da narradora, que relata episódios que considera correspondentes às expectativas de aceitação por parte dos interlocutores imediatos, como o pastor, cuja voz se pode ouvir como réplica nas falas-tréplicas da narradora; a voz *do* e *ao* neto, quando, por exemplo, a narradora dedica um capítulo para elogiar o ex-genro, com base no "[...] mandamento de Deus: honra teu pai e tua mãe [...]" (p.63); a voz silenciada da filha, a cujo pai não aplica esse mesmo "mandamento". Contudo, a voz mais audível e, ao mesmo tempo, a mais silenciada é a da protagonista. Como exemplo mais visível, observa-se que somente em seis momentos da narrativa se apresentam falas suas sob a forma de discurso direto e não se encontram momentos de introspecção, exceto em dois trechos em que, por meio de discurso indireto, são informados breves pensamentos seus.

O caráter polifônico assim aparentemente controlado e aprisionado instiga à reflexão também sobre os valores ideológicos que ela ou não considerou, ou tentou silenciar, talvez para "[...] não comprometer ninguém" (p.72). Será que, quando vivia os fatos e sofria as adversidades da vida, a protagonista se lamentava e se revoltava? Atribuía sua sobrevivência ao poder de Deus ou a seu mérito pessoal e à ajuda de pessoas amigas? Considerava essas adversidades "naturais", para sua condição de mulher, negra, "semianalfabeta" e com sequelas físicas de acidente sofrido na infância, tão "naturais" como foram as adversidades enfrentadas pelos de sua família, inclusive os homens, para quem a diferença de gênero não representou possibilidade de melhor condição de vida? Ou vivenciou conflituosamente a consciência de seu pertencimento a um gênero e grupo social marginalizados, aos quais se impusera como aprendizado "natural" a submissão a ser perpetuada, como forma de sobreviver, como única expectativa de vida?

Sentidos possíveis

Nos textos do prefácio, da apresentação e da contracapa, cada um de seus autores enfatiza diferentes aspectos do livro, conforme seus pontos de vista de leitores empíricos e do lugar que consideram ocupar como interlocutores de Alzira.

O caráter exemplar, do ponto de vista religioso, de uma vitoriosa trajetória é enfatizado no prefácio e na apresentação, como síntese interpretativa que se identifica com a que a narradora-protagonista apresenta. Essa síntese, por sua vez, pode ser também entendida como eco da interpretação que foi apresentada à autora, antes da produção do relato escrito, provavelmente o tendo moldado. Distanciando-se dessas interpretações, no texto de contracapa o neto enfatiza os aspectos sociológicos e históricos, além dos humanos, da história de Alzira. E eu, instigada pelo convite de interlocução, depois de ter "fechado" o livro, refletindo sobre tudo que tinha lido, retomei a questão que continuava a me intrigar, cuidando porém para não sobrepor minha voz à da autora nem desprezar as pistas interpretativas presentes no texto, tanto no dito quanto no não dito e no interditado ou, ainda, no que talvez não tenha estado acessível à autora, por ultrapassar limites de dor suportáveis ou possibilidades dos recursos linguísticos e narrativos por ela conhecidos.

Levando em conta o fato de conhecer a autora e o de ter tido acesso ao livro *por causa* da profissão que exerço, inicialmente o considerei exemplar, não porque seu conteúdo narrativo expresse lição de superação e fé religiosa, mas porque nele vislumbrei uma possibilidade de exemplificação de ao menos dois outros aspectos, cuja abordagem considero mais relevante e fecunda: um deles é o proposto pelo autor da contracapa, mas que não enfocarei neste texto devido à limitação de espaço; o outro aspecto é o que se refere às relações entre alfabetização e letramento.

Conforme esse último aspecto, pode-se compreender o livro em análise como representativo da concretização de certo ponto de vista teórico defendido por pesquisadores contemporâneos: mesmo pessoas analfabetas ou "semianalfabetas", com baixo nível de escolarização, que não dominam mais do que rudimentos de leitura e escrita, podem ser consideradas letradas, quando compreendem e usufruem as funções e os usos sociais da língua escrita, como forma de inclusão e participação ativa no mundo público da cultura escrita (Tfouni, 1988, 1995; Soares, 1988, 2002; Mortatti, 2004).

A quais erros ou tipos de erros a autora se refere? Que ajuda teve da filha e do neto, para corrigir erros que considerou ter cometido? A que acréscimo de palavras se refere o organizador, que buscou "[...] enriquecer tudo que dona Alzira viveu, viu e aprendeu"? Se, inicialmente, essas perguntas me pareceram relevantes, foram se tornando desnecessárias, diante dos aspectos do livro que indicam a condição de letrada de sua autora.

Alzira teve "pouco estudo" e "pouca cultura". E, talvez, tenha pouco traquejo no que se refere a alguns aspectos, como habilidade motora e manejo de instrumentos de escrita em papel, como indica o traçado das letras da dedicatória que, "de próprio punho" e à minha frente, escreveu na folha de rosto do exemplar que me ofertou. Mais importante, porém, do que essas dificuldades de ordem "técnica", as quais ela mesma reconhece, é o fato de saber ler e produzir textos e o conhecimento que demonstra a respeito, dentre outros: das características e funções da língua escrita; das diferenças entre oralidade e escrita; das características e funções do livro como objeto cultural; de sua função de autora; da arte de contar histórias; do gênero autobiográfico-memorialístico; dos recursos discursivos para o registro escrito desse relato.

E ainda mais importante do que esses conhecimentos é o fato de Alzira saber a importância de usufruir sua condição de letrada, pondo-a a serviço de finalidades tão pouco "utilitaristas", como a de registrar e publicar suas memórias.

Por que motivo?

A narradora-protagonista informa ao menos dois motivos para sua empreitada. O mais frequentemente explicitado na narrativa se relaciona com sua crença religiosa e se encontra sintetizado neste trecho citado pela narradora: "[...] 'nunca se deve desanimar, mesmo nos momentos mais difíceis. Não perca sua confiança, saiba que Deus nunca vai lhe dar um peso maior que a sua força'" (p.74). As aspas dentre as quais se encontra essa frase no texto em análise indicam que se trata de uma citação de palavras *de* outro e *para* outro, possivelmente o pastor, conforme contexto em que é apresentada na narrativa. E é esse o motivo que possibilita situar o relato memorialístico no âmbito da narrativa exemplar e redentora da vida de uma heroína comum, marcada pela fé em Deus, coragem, força de vontade, determinação e paciência, na luta para superação de danos e carências sofridos, e virtuosamente pautada em princípios morais e éticos: "Nunca tive inveja de ninguém, nem fumei nem me prostituí. Não conheço droga nenhuma, nem me tornei alcoólatra" (p.74).

De acordo com esse ponto de vista, sua vitória é resultado da intervenção e proteção divinas, que inspiraram e impulsionaram os inconfessos esforço, teimosia e mérito de uma pessoa predestinada ao fracasso, conforme sua condição racial, social e de gênero, no momento histórico e no país em que viveu. Assim, a exemplaridade decorre da possibilidade de leitores comuns se identificarem com motivações e ações da heroína comum, tomando-as como inspiração para a condução de sua vida.

O segundo motivo parece estar mais próximo do desejo da autora de não esquecer e não ser esquecida. Consciente de que não é eterna, diz não temer a morte e reitera que escreveu sua história, não com a pretensão de se tornar escritora, mas para transmitir sua experiência. Desse ponto de vista, o principal motivo de ter escrito o livro pode ser compreendido no plano da "condição humana": registrar sua história como prova de sua existência, fixar uma imagem de si e salvar seu passado do esquecimento, para servir seu presente e seu futuro (Le Goff, 1984, p.47).

Assim compreendido, esse motivo indica um desejo de ordem mais complexa, cuja compreensão e realização escapam da tentativa de controle nos limites da crença religiosa, podendo ser apreendidos principalmente nos silêncios e nas incompletudes do texto.

A função de narrar decorre *de* e se relaciona *com* a compreensão do narrador a respeito de seu lugar social e de sua "incumbência" de lembrar o passado e de narrar o que lembra, a partir de seu lugar e do conjunto de suas referências sociais, culturais e linguísticas, no presente. As dificuldades impostas ao narrador, portanto, obrigam-no a "[...] *reconstruir*, no que lhe for possível, a fisionomia dos acontecimentos [e] involuntariamente, [...] a avaliar (logo, a alterar) o conteúdo das memórias" (Bosi, 1979, p.21). Características ainda mais complexas se impõem a essa função, quando se trata do narrador idoso, que "[...] ao lembrar o passado [...] está se ocupando consciente e atentamente do próprio passado, da substância mesma de sua vida", e a quem, no momento da "velhice social", resta a função de lembrar, para ser "[...] a memória da família, do grupo, da instituição, da sociedade" (Bosi, 1979, p.23).

Apesar das dificuldades, a função de narrar está relacionada com a faculdade e a necessidade humanas de "intercambiar experiências", fonte à qual recorre o narrador, para, por meio da reminiscência, buscar se inserir na cadeia da tradição, ou reinventá-la, a fim de transmitir os acontecimentos de geração em geração. Desse ponto de vista, Alzira busca um "lugar honroso e voz privilegiada", de quem quer ensinar aquilo que levou toda uma vida para aprender. Seu relato autobiográfico pode, pois, ser considerado como uma espécie de "ajuste de contas", em que se entrecruzam memória pessoal, memória social e memória da tradição, sejam as impostas, sejam as inventadas.

Nas escolhas, tanto da narradora quanto da protagonista da narrativa em análise, podem-se encontrar as marcas desse entrecruzamento de memórias, ainda que prevaleça a memória pessoal, como imagem de si a ser fixada e transmitida. Como ocorre, porém, nas "disputas" entre gerações, é possível encontrar no texto de contracapa aspectos da versão que o neto de Alzira gostaria de fixar e perpetuar. Situando no plano sociológico e histórico sua interpretação da história da avó, ele indica o desejo de reinventar aspectos da tradição, já que, na condição de quem a "recebe", está também encarregado de lhe dar continuidade.

Os motivos explicitados ou indiciados na narrativa são legítimos e indicam sentidos autorizados pela configuração textual do livro em análise. Entre esses dois motivos, porém, insinua-se um sentido que os abrange e que se funda na ambiguidade entre o inconfesso desejo da autora de apresentar um orgulhoso relato de si e a explícita necessidade de, por meio da sublimação da vaidade pessoal, situar a narração e a narrativa no plano da vontade de Deus.

É nesse lugar que podemos identificar e compreender as ambiguidades silenciadas ou desprezadas (mas não silenciosas) que permeiam a narrativa. Essas ambiguidades, por sua vez, possibilitam identificar os diferentes níveis e modos de exclusão e discriminação sofridos pela narradora-protagonista assim como os diferentes níveis e modos de a autora perceber, sentir e explicitar tanto sua condição de não pertencimento quanto seu desejo de participar de esferas da vida privada e da vida pública, conforme valores morais e éticos almejados em oposição às privações que sofreu: relações familiares estáveis; condições dignas de moradia, alimentação, atendimento médico, trabalho e lazer; crença religiosa vivenciada em comunidade eclesiástica; direito ao usufruto da cultura escrita.

É, ainda, nesse lugar ambíguo que o "pacto autobiográfico" se complexifica. Com o embaralhamento das funções preestabelecidas de autor, narrador e protagonista, o leitor também se vê convidado a renovar o pacto de leitura, sustentando-o na honesta ambiguidade que caracteriza a narrativa em análise. A narradora não cede à tentação de ficcionalizar sua vida, respeitando o pacto referencial que inscreve a narrativa no campo da "mais pura verdade", conforme o que lhe é permitido lembrar e narrar, em função de sua memória, posição social e condições de produção da narrativa, possibilidade de conhecimento, objetivos e motivos de narrar, interesses supostos dos interlocutores possíveis e conhecimento do qual ela (ou seus colaboradores e organizador) dispõe a respeito das convenções linguísticas e narrativas. E, embora busque funcionar como "narrador dogmático" ao apresentar uma visão monológica dos acontecimentos narrados, seu estilo sintético, coordenativo e não didático-professoral propicia lacunas e incompletudes, por onde se deixa entrever, no relato de uma vida anônima, a polifonia de um "eu" cuja síntese se encontra na também ambígua pergunta-título do livro.

Essa pergunta instiga o leitor a formular muitas outras, como: será que foi Alzira, ela mesma, quem viveu e venceu as adversidades, quem narrou a história, quem escreveu o livro? Contudo, são perguntas que não esperam respostas, senão talvez a de que a incerteza confessada e orgulhosa de si, ao mesmo tempo que chancela a autoridade e a dignidade da autora, da narradora e da protagonista, possibilita aprofundar as reflexões apresentadas neste texto, com base na compreensão de Foucault (1996), a respeito: do "discurso", não como simplesmente aquilo "[...] que traduz as lutas ou os sistemas de dominação, mas aquilo por que e pelo que se luta, o poder do qual nos queremos apoderar" (p.10); do "autor", como um "[...] princípio de agrupamento do discurso, como unidade e origem de suas significações, como foco de sua coerência" (p.26); e do "acontecimento discursivo", como "[...] cesuras que rompem o instante e dispersam o sujeito em uma pluralidade de posições e funções possíveis" (p.58).

Considerações finais

Alzira Silvéria teve uma filha e certamente plantou uma árvore. Será que ter escrito e publicado suas memórias representou para ela a culminância da obra de sua vida? Por coerência e respeito à proposta da autora do livro, é empreitada estéril – ainda que de possível pertinência – buscar respostas a essa pergunta, ou tentar enquadrar a autora em classificações como "alfabetizada", "semianalfabeta", "letrada"; ou, ainda, tentar saber o que exatamente ela teve a intenção de ensinar, ou, sobretudo, formular julgamentos de valor sobre o que viveu e narrou. Talvez, porém, o que de mais relevante e honesto se possa concluir é que, na concretude do livro e no discurso narrativo nele materializado, tem-se uma "lição de vida", representada por tudo aquilo que a autora-narradora-protagonista levou uma vida para aprender.

Por esses motivos, ela sabe e pode "aconselhar" no sentido que Benjamin (1987) atribui a essa atividade: "[...] é menos responder a uma pergunta do que fazer uma sugestão sobre a continuação de uma história que está sendo narrada. [...]. O conselho tecido na substância viva da existência tem um nome: sabedoria" (p.199). Por isso, o narrador "[...] figura entre os mestres e os sábios. [...] Seu dom é poder contar sua vida: sua dignidade é poder contá-la inteira"; sua "autoridade de narrar" advém de sua experiência, e seus conselhos, da própria dor (p.202, 221).

E, para os que sentirem necessidade de lições, talvez a principal delas seja a que se relaciona com a importância da linguagem escrita na luta de uma pessoa de mente inquieta e inconformada, a qual, com instrumentos e meios de que pôde dispor ou pôde produzir, buscou se constituir como sujeito--autor do discurso *de* e *sobre* sua vida e sua história.

Essa lição *de* vida e *para* a vida deveria fazer parte também da rotina de professores e alunos das escolas brasileiras (mas não apenas deles nem somente nesse espaço): ler e produzir textos escritos são atividades especificamente humanas, cujas função e importância extrapolam os limites da escola; mais do que direito do cidadão e dever do Estado, seu aprendizado modifica modos de pensar, sentir, querer e agir dos sujeitos que aprendem a ler e a escrever, promovendo mudanças qualitativas em seu processo de formação humana e propiciando sua participação ativa no mundo público da cultura escrita e, portanto, na sociedade e na história. Os professores responsáveis pelo ensino escolar da leitura e da escrita somente podem ser bem-sucedidos se, e quando, compreendem a si mesmos como sujeitos históricos e sociais, que também vivenciam a leitura e a produção de textos escritos, não apenas como atividades necessárias para sua atuação docente, mas sobretudo como atividades essenciais para a formação humana.

O caderno de Daniella: esboço de uma autobiografia intelectual[1]

> De fato, o sentido do que somos, ou, melhor ainda, o sentido de quem somos, tanto para nós mesmos como para os outros, depende das histórias que contamos e que nos contamos e, em particular, daquelas construções narrativas de que cada um de nós é, ao mesmo tempo, o autor, o narrador e o personagem principal, ou seja, das autobiografias, autonarrações ou histórias pessoais. (Larrosa, 2004, p.11-3)

Introdução

Por aproximadamente duas décadas, Daniella manteve guardados consigo os cadernos com os textos que produziu durante os quatro anos letivos que cursou no Cefam – Centro Específico de Formação e Aperfeiçoamento do Magistério,[2] de

1 Publicação original: Mortatti (2014b).

2 O Cefam – Centro Específico de Formação e Aperfeiçoamento do Magistério – foi criado, em 1982, como um projeto do Ministério da Educação do Brasil. Teve como objetivo reorganizar a formação de professores em nível de ensino médio – que, naquele momento, ocorria na Habilitação Específica para o Magistério (HEM) – 2º grau –, visando

Campinas/SP, como aluna das disciplinas "Língua Portuguesa e Literatura Brasileira" e "Metodologia do Ensino de Língua Portuguesa e Alfabetização", que foram ministradas pela autora deste texto, respectivamente nos 1º e 2º anos do curso, entre 1988 e 1989, e nos 3º e 4º anos, entre 1990 e 1991.

Embora originalmente utilizados em um contexto escolar e portadores do que poderia ser considerado um tipo de "escrita ordinária" (Fabre, 1993), esses cadernos foram guardados certamente porque neles há mais do que meros registros de processo de escolarização de Daniella e de suas interpretações da escola e da educação. E sobreviveram à passagem do tempo porque aguardavam ser interpelados e partilhados (Mignot; Cunha, 2006), não somente como importantes fontes para o estudo da educação e da formação de professores naquele momento histórico, mas, sobretudo, como registro da escrita de si, para a autora dos cadernos, e da atividade docente, para sua ex-professora, autora deste texto.

---

a propiciar condições mais adequadas para a formação inicial e continuada de professores para a educação pré-escolar e o ensino das séries iniciais do então ensino de 1º grau. O curso do Cefam correspondia à formação em nível de 2º grau, tinha duração de quatro anos, e seu currículo estava organizado em disciplinas de formação geral e de formação específica, embora todas as atividades curriculares estivessem voltadas para a formação para o magistério. Os alunos recebiam auxílio financeiro, por meio de bolsas-trabalho, para se dedicar, em tempo integral, aos estudos e às atividades de monitoria no magistério. No estado de São Paulo, o projeto foi implantado em 1987. Foram extintos gradativamente, em decorrência da promulgação da Lei de Diretrizes e Bases da Educação Nacional, Lei n.9394, de 1996, que passou a exigir formação em curso superior para os professores da educação infantil dos anos iniciais do ensino fundamental.

Com as facilidades de comunicação proporcionadas pelo advento da Internet e do correio eletrônico, em 2009 fui "encontrada" por Daniella. Como fruto desse encontro e certamente não por acaso, ela me presenteou com uma cópia xerox de seu primeiro "caderninho de textos", o que produziu no 1º ano do curso, quando tinha 15 anos de idade. Emocionada com o presente, manifestei meu desejo de analisá-lo, para, na condição de pesquisadora, refletir sobre os sentidos das experiências que tínhamos partilhado. Tendo prontamente concordado, ela acrescentou: "Pode fazer o que quiser com o caderno".

Ainda sob o impacto do inesperado presente, li e reli o caderno muitas vezes, buscando avaliar se conseguiria conciliar satisfatoriamente a inevitável proximidade afetiva e o necessário distanciamento crítico, para acolher a renovada possibilidade de interlocução entre ex-aluna e sua ex-professora, agora na condição de pesquisadora.

Passados cinco anos daquele encontro e mesmo sem a certeza de obter o desejado êxito interpretativo, esse é o documento cuja configuração textual analiso neste texto, com base na hipótese que o caderno de Daniella evidencia, mais diretamente, aspectos de exitoso processo de aprendizagem da aluna, em relação aos objetivos da disciplina e sua função no curso de formação de professores para as séries iniciais do então ensino de 1º grau. Aprofundando níveis de análise, porém, o conjunto de textos contidos no caderno de Daniella pode ser interpretado como o esboço de uma autobiografia intelectual, centrada no processo de sua formação como autora, para o que contribuiu intensivamente o processo de formação escolar, em especial as aulas da disciplina durante as quais produziu os textos registrados no caderno em análise.

O contexto de produção do caderno de Daniella

No ano de 1988, iniciei minha atuação como professora de "Língua Portuguesa e Literatura Brasileira" (LPLB), para as turmas do 1º ano do então recém-criado Centro de Formação e Aperfeiçoamento do Magistério – Cefam, de Campinas/SP.

Nessa, que foi a última e a mais gratificante dentre minhas atividades na condição de professora de 1º e 2º graus de ensino, tive a oportunidade de acompanhar, durante os quatro anos de duração do curso, a formação de um grupo de alunos e alunas que tinham escolhido a profissão de professor e que compreendiam, ativamente, a importância daquele espaço para sua formação humana e profissional. Aprenderam, sobretudo, a importância da leitura e da produção de textos, como mostram os "caderninhos de textos" e demais registros dessas atividades escolares.

O plano de ensino que elaborei para a disciplina LPLB, para o 1º ano, tinha como objetivo geral formar alunos leitores e produtores de textos, visando à sua formação específica como professores que ensinariam seus futuros alunos a também serem leitores e produtores de textos. A base teórico-conceitual desse plano de ensino é a proposta apresentada por Geraldi (1984)[3] para o ensino de língua portuguesa, do ponto de vista do interacionismo linguístico, a partir,

---

3 Essa proposta foi bastante divulgada nas décadas de 1980 e 1990, em vários estados brasileiros, por meio tanto do livro *O texto na sala de aula* quanto da assessoria prestada por Geraldi – como docente e pesquisador do Instituto de Estudos da Linguagem (IEL)/Unicamp – a secretarias de educação estaduais e municipais e, sobretudo, das atividades

principalmente, das contribuições da Análise do Discurso e da Teoria da Enunciação.

Entendendo linguagem como uma forma de interação humana e como posto de observação para a compreensão do ensino da língua, Geraldi focaliza a interlocução – lugar de produção da linguagem e de constituição dos sujeitos – como espaço privilegiado para se pensar esse ensino. Enfatizando a natureza histórica e social da língua, dos sujeitos e das interações verbais, considera fundamental compreender o trabalho linguístico (dos sujeitos) como atividade constitutiva, em que se entrecruzam produção histórica e social de sistemas de referências e de operações discursivas. [...] E, nesse trabalho linguístico, que ocorre sempre em uma dada situação histórico-social – espaço de relações interlocutivas –, produzem-se discursos necessariamente significativos. A especificidade do ensino da língua se encontra, portanto, no *trabalho com o texto*, compreendido como concretude da língua e lugar *de produção de sentidos; o professor* passa a ser entendido como um *interlocutor* ou *mediador, o texto,* como *objeto de ensino-aprendizagem,* e *o aluno*, como *sujeito leitor* e *autor* de textos.

Desse ponto de vista, no ensino da língua materna se deve, portanto, privilegiar "[...] a interlocução, entendida como espaço de produção da linguagem e constituição de sujeitos" (Geraldi, 1991, p.5). Nesse sentido, a leitura é entendida como compreensão e como "uma forma de diálogo" (Bakhtin, 1981, p.132) entre leitor e autor por intermédio do texto, um

do projeto "Unidades Básicas para o Ensino de Português", ou "Projeto do Wanderley", como ficou conhecido. A esse respeito, ver especialmente Mortatti (2014a).

processo de autoria de segunda ordem, que supõe um texto já escrito para se produzirem significados e sentidos e que envolve a história de leitura do leitor e do texto. E a escrita se caracteriza como processo de produção de textos, utilizando--se a língua (na modalidade oral e, sobretudo, na modalidade escrita), como processo de produção de significados, visando ao diálogo entre autor e leitor e instaurando novas relações dos sujeitos entre si, com o mundo natural e social, com o tempo e o espaço, com a consciência desses sujeitos e com a própria língua.

Como unidade de sentido, o texto abrange o conjunto de aspectos constitutivos de sua configuração textual (Magnani, 1993; Mortatti, 2000a), os quais se referem:

> [...] às opções temático-conteudísticas (o quê?) e estruturais--formais (como?), projetadas por determinado sujeito (quem?), que se apresenta como autor de um discurso produzido de determinado ponto de vista e lugar social (de onde?) e momento histórico (quando?), movido por certas necessidades (por quê?) e propósitos (para quê?), visando a determinado efeito em determinado tipo de leitor (para quem?) e logrando determinado tipo de circulação, utilização e repercussão. É, portanto, a análise integrada desses aspectos que propicia ao investigador: reconhecer e interrogar determinado texto como configuração "saturada de ágoras" (Benjamin, 1985) e "objeto singular e vigoroso" (Starobinski, 1988); e dele produzir uma leitura possível e autorizada, a partir de seus próprios objetivos, necessidades e interesses. (Mortatti, 2000a, p.30)

Essa concepção se torna central para o ensino da língua e demanda um trabalho baseado em diversidade de tipos e modalidades de textos. Desse ponto de vista teórico, o ensino de língua portuguesa se organiza em torno de três unidades básicas, concretizadas (sem utilização de livro didático) nas três práticas: leitura, produção e análise linguística de textos.

Com base nessa fundamentação teórica, desenvolveram-se as atividades de leitura, produção e análise linguística de textos, que se encontram registradas no caderno de Daniella. Além dos textos solicitados pela professora, os alunos eram convidados a ler e produzir quantos textos desejassem. Nesse processo, também a professora se envolvia diretamente, como leitora (não "corretora") e produtora de textos. Depois de ler os textos produzidos pelos alunos, fazia anotações à margem ou observações ao final, enfocando aspectos selecionados dos conteúdos de ensino em estudo, ou escrevia bilhetes e comentários sobre os textos dos alunos. Não havia provas ou exames, e a avaliação, contínua e processual, era partilhada por alunos e professora, por meio de textos orais e escritos, produzidos ao fim de cada bimestre letivo, contendo avaliação do processo de ensino-aprendizagem (incluindo autoavaliação, avaliação da turma e avaliação da professora).

Os textos do caderninho de textos de Daniella

O caderno de Daniella, de formato brochura, pequeno, contém 121 páginas preenchidas em manuscrito e com folhas coladas com xerox de textos lidos ou manuscritos produzidos em outro caderno e transferidos para esse. Também estão presentes marcas da leitura feita pela professora e a interlocução direta ou indireta com a aluna.

São dezenove textos escritos e numerados por Daniella, além de bilhetes para a professora e de seus comentários. Como se pode observar no índice do caderno (Figura 1), foram produzidos textos de diferentes tipos, escritos ou lidos pela aluna, em consonância com a proposta da disciplina: poemas, crônicas, resenhas, resumos, relatórios, transcrição de entrevistas, bilhetes, textos narrativos contendo avaliação (bimestral) do processo de ensino-aprendizagem na disciplina (incluindo autoavaliação).

Figura 3 – Caderno de Daniella – páginas com índice

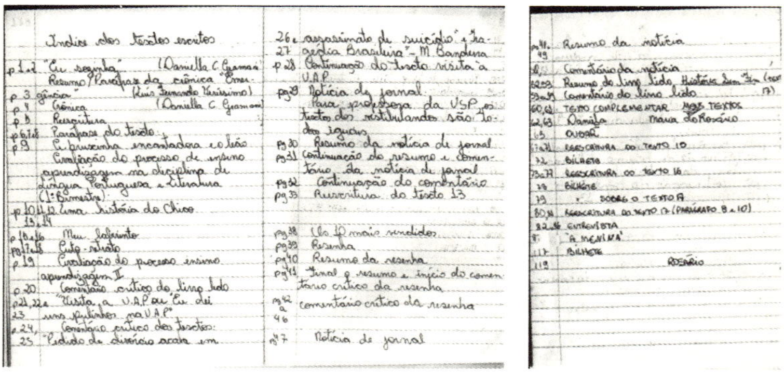

Fonte: Acervo de Maria Mortatti.

Como texto de apresentação pessoal solicitado pela professora, Daniella produziu o poema "Eu sozinha...", no qual se mostra desorientada, mas aberta: "Eu sozinha.../ andando na rua /sem rumo" (p.1).

Seguem-se quatro textos: resumo/paráfrase de uma crônica, produção de uma crônica, reescritura da crônica, paráfrase de texto mudo/história em quadrinhos e texto de avaliação do processo de ensino-aprendizagem, relativo ao primeiro bimestre. Nesse texto de avaliação, Daniella manifesta suas primeiras observações sobre a proposta de ensino e sobre seu processo de produção de textos: "Penso que fica mais fácil corrigir os nossos erros cometidos no nosso texto e a partir desses erros criar exercícios. É mais fácil de guardar, é muito mais gostoso" (p.9).

Depois de um extenso texto (p.10-4), com paráfrase de uma história em quadrinhos, tem-se o texto 7 – "Meu labirinto" –, no qual Daniella apresenta, em primeira pessoa, reflexões a partir de suas sensações corporais: "Sai do meu pensamento. Será que sou eu? Não sei... [...] Estava curiosa, não parava de me mexer, dançar, me conhecer. Era como se eu fosse uma fada que por onde passava deixava um pozinho das sensações gostosas" (p.15-6). Pode-se observar o início da busca de consciência do movimento de descolamento/deslocamento de si.

No texto 8 – "Autorretrato" (Figura 4) –, Daniella descreve suas características físicas e psicológicas, por meio da utilização de sujeito gramatical em terceira pessoa. O ponto de vista

Figura 4 – Caderno de Daniella – Texto 9 – "Autorretrato"

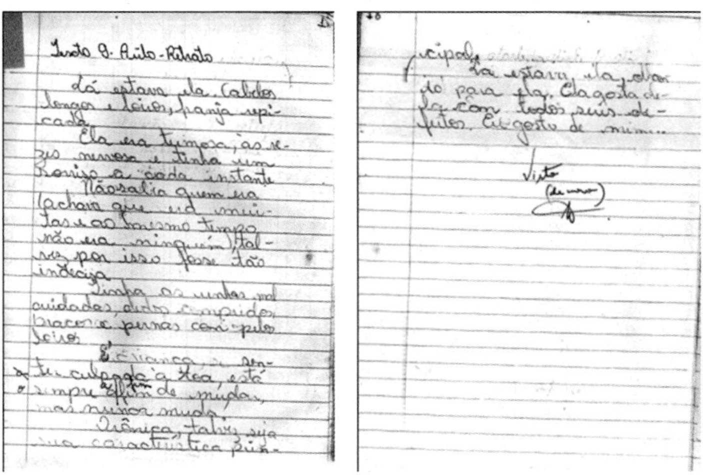

Fonte: Acervo de Maria Mortatti.

mais distanciado se reverte, como um achado de autodescoberta, no último parágrafo: "Lá estava ela, olhando para ela. Ela gosta dela com todos os seus defeitos. Eu gosto de mim..." (p.18).

O texto 10 – "Avaliação do processo de ensino-aprendizagem II" –, referente ao fim do segundo bimestre letivo, foi redigido em folha de papel almaço (Figura 3). Nele, Daniella mostra maiores familiaridade e domínio do processo de ensino-aprendizagem e reflete sobre suas preferências e desagrados: "Eu gosto muito desse processo, ele é natural. Sinto que estou sentindo mais prazer em escrever, sinto que estou ficando cada vez mais solta ao escrever". Manifesta gosto pelas atividades de leitura, mas também faz reclamações e críticas diretas e sinceras: o horário da aula de leitura não lhe permite a necessária concentração; e a professora é "muito afobada", além de suas observações fazerem os alunos se sentirem "cobrados" demais. No caso deste e dos demais textos de avaliação, estão presentes

Figura 5 – Caderno de Daniella – Texto 10 – "Avaliação do processo de ensino-aprendizagem II"

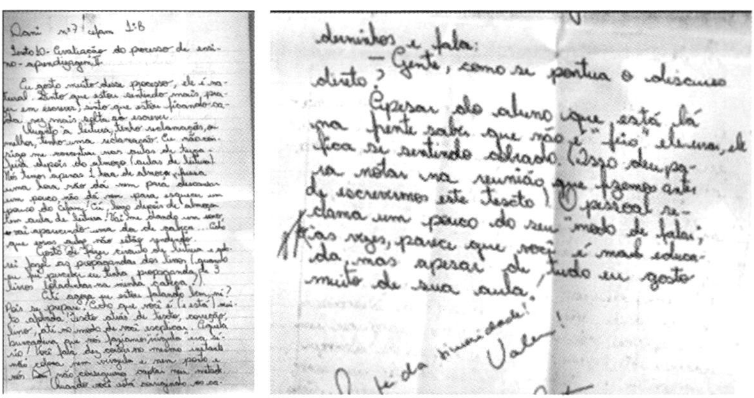

Fonte: Acervo de Maria Mortatti.

as marcas de interlocução direta com a professora – leitor principal previsto – e com o contexto escolar. Certamente por esse motivo, o texto se encerra com uma "atenuante": "[...] mas apesar de tudo eu gosto de sua aula!".

Depois de um texto (11) com comentário sobre um livro de literatura lido por Daniella, segue-se um relatório (Texto 12) de visita que os alunos fizeram à Unicamp. Embora se tratasse de texto informativo, Daniella sentiu-se à vontade para experimentar, seja por meio de conteúdo provocativo, seja se dirigindo diretamente ao leitor: "Primeiro gostaria de colocar um título diferente no Texto 12. 'Eu dei um pulinhos lá na U. A. P.' Para que mudar o título? Leia e verá" (p.21).

Os textos seguintes (13 a 17) indicam a intensificação do processo de leitura e produção de textos a partir do terceiro bimestre letivo. Há um significativo aumento no número de páginas de cada texto assim como diversificação de tipos: comentário crítico-comparativo entre notícia de jornal e texto literário sobre os mesmos temas; resumo e comentário de notícia de jornal, reescritura de texto, comentário crítico sobre resenha de livro entre os mais vendidos na época, resumo e comentário de livro lido.

Dentre esses, destaca-se o extenso e consistente comentário crítico (p.53-9) do livro *A história sem fim* (Ende, 1986), conforme o método de análise da configuração textual que eu ensinava os alunos a utilizarem.

Compartilha sua descoberta da importância, na construção do enredo ficcional, do foco narrativo e do tempo da narrativa: "A *História sem fim* é um dos livros mais lindos que já li! Tanto no conteúdo quanto no modo como é passado esse conteúdo [...]. As duas coisas que mais gostei no livro foram o narrador (terceira pessoa) e o tempo (inconstante). O jeito que Ende desenvolve esses dois 'personagens' me parece muito especial" (p.53). E conclui com reflexões sobre seu envolvimento pessoal com a leitura do livro: "Além de cuidar, eu amava cada um desses personagens, pois eles eram um pedaço de mim (que viagem!!!)" (p.58).

A intensificação e a complexidade do processo de ensino-aprendizagem se refletem no "Texto complementar" – "Meus textos" (p.60-1, grifo no original), que Daniella escolheu produzir como avaliação referente ao terceiro bimestre. Nele, pode-se observar síntese da inter-relação das práticas de leitura, produção e análise linguística de textos entre si e com o processo de constituição da condição de autora e sua reflexão sobre esse processo (Figura 4), que "[...] vai ficar marcado para mim como a Revolução Francesa ficou para a França" (p.60).

A autora avalia ter se libertado de "conceitos obtidos desde a primeira série", do que fez "[...] durante oito anos sem nenhum prazer, sem nenhum retorno", tendo aprendido a gostar de escrever, da professora e de "ter aula". Sem saber como isso aconteceu, relata com alegria a descoberta de escrever "sem pensar em nota, sem pensar em professora" e a autodescoberta: "O texto saiu a minha cara e era lindo, lindo, lindo! [...] Eu acho que pela primeira vez não liguei para o que eles disseram. Curti meu texto" (p.61). E complementa: "'Curtir' não quer dizer achar lindo, não! Quer dizer tentar achar um modo com que eles fiquem lindos, uma forma com que eles todos fiquem do jeito que eu quero... Do jeito que eu gosto..." (p.61, grifo da autora).

À medida que o processo de interlocução avançava, também os comentários da professora se ampliavam. Depois da leitura do texto complementar de Daniella, escrevi também um

Figura 6 – Caderno de Daniella – "Texto complementar" – "<u>Meus</u> textos"

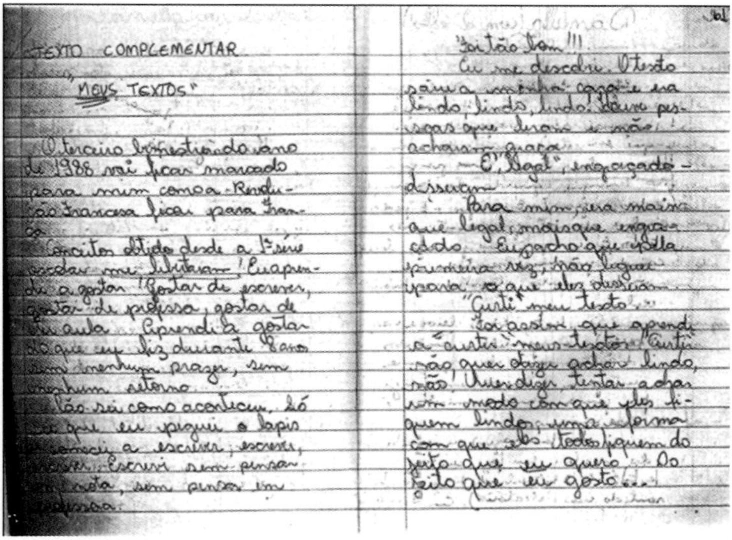
TEXTO COMPLEMENTAR

"MEUS TEXTOS"

O terceiro bimestre do ano de 1988 vai ficar marcado para mim como a Revolução Francesa ficou para França.

Conceitos obtidos desde a 1ª série escolar me libertaram! Eu aprendi a gostar! Gostar de escrever, gostar de professora, gostar de aula. Aprendi a gostar do que eu fiz durante 8 anos sem nenhum prazer, sem nenhum retorno.

Não sei como aconteceu. Só sei que eu peguei o lápis e comecei a escrever, escrever, escrever. Escrevi sem pensar em nota, sem pensar em professora.

Foi tão bom!!!

Eu me descobri. O texto saiu a minha cara e era lindo, lindo, lindo! Houve pessoas que leram e não acharam graça.

"É legal", engraçado – disseram.

Para mim, era mais que legal, mais que engraçado. Eu acho que pela primeira vez, não liguei para o que eles disseram.

"Curti" meu texto.

Foi gostoso que aprendi a "curtir" meus textos. "Curtir" não quer dizer achar lindo, não! Quer dizer tentar achar um modo com que eles fiquem lindos, uma forma com que eles todos fiquem do jeito que eu quero. Do jeito que eu gosto...

Fonte: Acervo de Maria Mortatti.

extenso "bilhete" (Figura 5), ressaltando o prazer em ler o que ela escrevia e em "compartilhar o dito e o não dito, a busca e o encontro" (p.63), concordando com os avanços que ela detectara em seu processo de ensino-aprendizagem e enfatizando o imperativo de ousar: "A 'ordem' é ousar, é <u>aceitar o desafio de viver cada vez mais e plenamente</u>. Mesmo que o resultado sejam apenas dúvidas..." (p.63, grifo no original).

Além de me corrigir novamente, zelosa em relação à grafia de *seu* nome ("Daniella com dois elles"), Daniella "respondeu" em forma de um poema (Figura 6), no qual sugere sua "descoberta" da facilidade de "ousar", como explicação para os avanços em seu processo de produção de textos.

Depois da reescritura de dois textos, Daniella "comete" mais um ato de ousadia: escreve um "bilhetinho" para a

Figura 7 – Caderno de Daniella – bilhete da professora

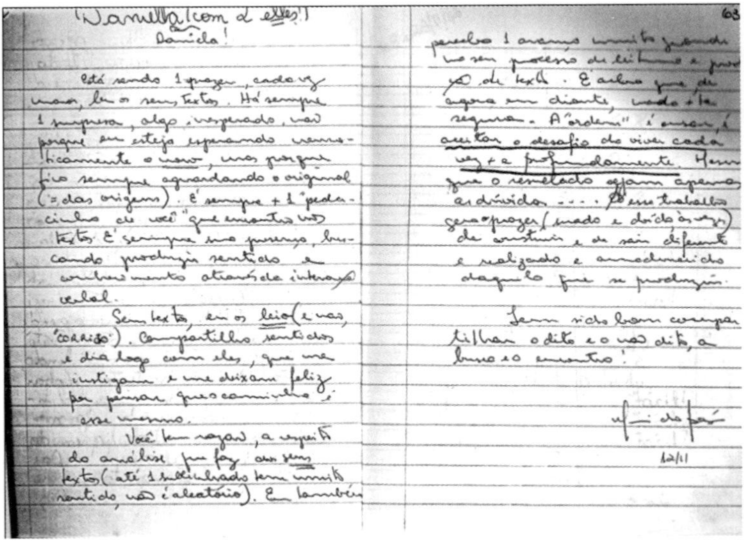

Fonte: Acervo de Maria Mortatti.

Figura 8 – Caderno de Daniella – texto "Ousar"

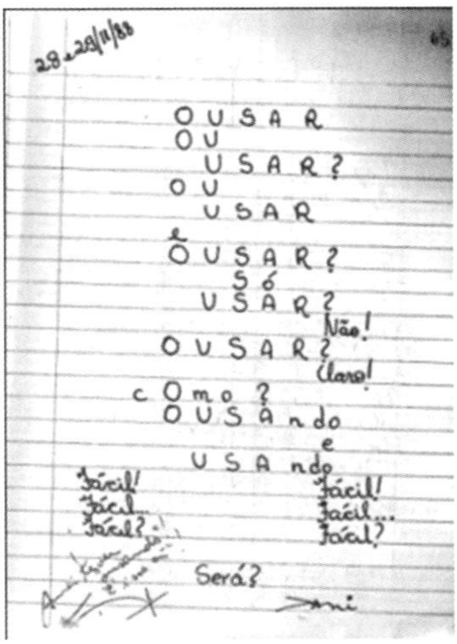

Fonte: Acervo de Maria Mortatti.

professora informando que não reescreverá outros dois textos, porque "[...] ele está bom [...] e o comentário, só reescreverei os parágrafos 8 e 10 porque são os únicos que estão com problema. O parágrafo 7 também está, só que, onde você marcou repetição, é uma repetição feita para ficar bonitinha (até rima!)" (p.79).

Já no final do ano letivo, após um texto extenso, com degravação/transcrição de uma entrevista (Texto 18 – p.82-96) realizada com colegas, tem-se o "Texto extra – A menina" (p.97-116), no qual, ao longo de vinte páginas manuscritas, Daniella faz uma síntese de seu processo de ensino-aprendizagem na disciplina LPLB, durante aquele ano letivo. Trata-se de um denso relato de atividades, também com sujeito gramatical em terceira pessoa, acompanhado de reflexões e avaliações pessoais.

O "Texto extra – A menina" (Figura 7) se inicia com a memória do primeiro dia na nova escola: "Uma menina loira entrou numa escola que ela não tinha a mínima ideia do que se tratava, ou melhor, sabia que era uma escola de Magistério com uma proposta nova, diferente das escolas tradicionais [...] Ela não sabia por que estava lá, o que estava fazendo lá, mas sabia que ela devia estar ali" (p.97).

Ao longo do texto, reflete sobre as primeiras aulas da professora, sua proposta de ensino centrada nas três práticas e analisa, do ponto de vista de seu processo de constituição como autora, cada um dos textos que produziu durante o ano. Destaca, por fim, a importância do texto 19 (complementar) – "<u>Meus</u> textos" (grifo no original):

> [...] o maior de todos, o texto onde a menina fez uma "retrospectiva" de toda a sua "vida textual". Foi um dos mais, o mais com

certeza, ousado, o mais curtido [...], e o que a menina vai esperar, com muita curiosidade, o 'bilhetinho' da professora, o comentário dos colegas de classe [...]. É o texto que ela quer mais compartilhar com os outros, o texto que ela não considera o texto e sim como os textos". (p.115)

Figura 9 – Caderno de Daniella – primeira página de "Texto extra – 'A menina'"

30-5-2/11/86 97
TEXTO EXTRA - "A MENINA"

No dia 4 de abril uma menina foi entrar numa escola que ela não tinha a mínima idéia do que se tratava; ou melhor, sabia que era uma escola de Magistério com uma proposta nova, diferente das escolas tradicionais. Sabia também que ela teria que ficar período integral na escola e receberia um salário mínimo.

Ela não sabia porque estava lá, o que estava fazendo lá, mas sabia que ela devia estar lá.

Essa menina era estudiosa; a partir da 5ª série ela sempre obtinha notas ótimas.

(Adorava História, Geografia e Educação Artística. Não gostava de Português e matemática. Das outras matérias ela gostava um pouco.

Fonte: Acervo de Maria Mortatti.

Conclui, com a retomada da escrita de si e sobre si, como sujeito da narrativa: "Essa menina se chama Daniella (com dois elles). Ela descobriu o prazer de escrever e sente que está conseguindo mostrar esse prazer para muitas pessoas..." (p.116).

Seguiu-se um "bilhetinho", no qual informa que, em breve, entregaria o texto de avaliação do processo de ensino-aprendizagem, referente a todo o ano letivo e com sugestões para o ano seguinte. A este, seguiu-se um longo bilhete (p.119-20) da professora, datado de 21/12/1988. E, ao final do caderno, encontra-se o texto "oficial" de autoavaliação.

Embora Daniella registre que "Meus textos" tenha sido o texto síntese de sua trajetória, é no "Texto extra – A menina" – ambos textos complementares, não solicitados pela professora – que, de fato, explicita-se, como síntese, a consciência do processo interlocutivo que lhe propiciou buscar constituir sua condição de autora. Nesse texto, pode-se observar o gradativo processo de: envolvimento com o aprendizado de língua e literatura, a compreensão do lugar que a leitura e a escrita passaram a ocupar em sua vida e de que, embora trabalhoso, com muitas reflexões para a tomada de decisão sobre o que e como escrever, com muitos rascunhos e reescritas, esse processo a fez "aprender a gostar de escrever" e lhe propiciou saber "[...] que seus textos estavam bons, sabia que ela havia se soltado, sabia que ela estava 'se mostrando'" (p.114).

Considerações finais

Como resultado da análise da configuração textual do caderno de Daniella, podem-se atribuir pelo menos dois sentidos ao conjunto dos textos por ela produzidos: o de um bem-sucedido processo de (ensino-)aprendizagem do conteúdo da disciplina em questão e da relação pessoal com a escola; e o de um esboço de (auto)biografia intelectual, propiciada pela proposta de ensino de Língua Portuguesa vivenciada na interlocução entre aluna, colegas e professora, em particular no curso de formação de professores naquele Cefam.

Em que pesem condicionantes e limitações culturais e históricas e o fato de se tratar de escrita produzida em contexto escolar por um sujeito-adolescente "comum", o caderno de Daniella pode ser compreendido do ponto de vista do processo de constituição do sujeito do discurso (e da vida) e de constituição do sentido de ler e escrever.

O processo de passagem da escrita *de* si para a escrita *sobre* si, por meio da "vida textual", vivenciado e analisado por Daniella, segue uma trajetória não linear nem evolutiva: do "eu" difuso no "labirinto", como busca adolescente de si, à busca de reflexão sobre a experiência, por meio do distanciado "ela", autorretrato nada impessoal, que por meio do "recurso de espelho" possibilita-lhe a compreensão de seu lugar como sujeito do discurso *da* e *para* a escola e as possibilidades de conquista de um sujeito "identitário" ("Meus textos" e "A menina") do discurso de si, de sua história de vida, incorporando a simultaneidade de diferentes tempos, pontos de vista e focos narrativos.

Como um ritual de passagem, o ritmo desse movimento em vórtice ("*mise en abyme*") é marcado pelos pontos de interseção e ruptura, que, "em sobressaltos" (Magnani, 1993), tensionam a relação entre passado, presente e futuro, no processo dialógico (Bakhtin, 1981), em que o aprendizado de significados propicia condições de avanços na produção de sentidos e da apropriação de seu discurso, por meio da internalização (Vygotsky, 1989) do discurso do outro e que a outros se dirige, também.

Por meio da escrita *de* e *sobre* si, tem-se assim a narração da experiência passada e presente de aprendizagem escolar da linguagem/língua escrita e, ao mesmo tempo, ocorre a reflexão *sobre* e *na* experiência da escrita. Na tensão entre controle e liberdade, entre discurso *da* e *para* a escola e discurso *com* e *para* o outro, entre envolvimento afetivo e distanciamento crítico, observa-se o gradativo deslocamento da função de "redatora" para a posição de autora, como descoberta de seu lugar discursivo na relação com o lugar do outro, em processos interlocutivos e polifônicos que caracterizam a linguagem como espaço em que se constituem o sentido do texto e o sujeito-autor do discurso e da vida.

As descobertas pessoais de Daniella constituem um marcante capítulo de sua história de vida e de formação intelectual. Ao mesmo tempo, iluminam um momento importante na história da educação e do ensino de leitura e escrita no Brasil nas décadas finais do século XX assim como meu processo de formação e atuação como professora, que participei, como interlocutora e coadjuvante,[4] do processo de formação da autora, narradora e protagonista do esboço de (auto)biografia intelectual contido no caderno de Daniella.

Estas são, porém, uma dentre as possíveis interpretações propiciadas pelo caderno analisado e uma dentre as possibilidades de dá-lo a conhecer e preservá-lo do esquecimento. A riqueza e complexidade dos sentidos que podem ser atribuídos a esse documento foram aqui apenas indicadas e aguardam ser retomadas – por Daniella ou outros que acolherem este convite à interlocução – como história que continua, sem fim, como é a busca do "[...] sentido de quem somos, tanto para nós, como para os outros [...]" (Larrosa, 2004, p.11).

4 Em um esforço de metacognição, as reflexões iniciais sobre essa atividade docente foram apresentadas em Magnani (1993).

Um livro-arraia[1]

1.

Na linha do cerol,[2] de João Scortecci[3], é um livro de "reminiscências", mas "poéticas"; de "memórias autobiográficas", mas também de "poesia brasileira". Essas classificações no subtítulo e na ficha catalográfica sintetizam, em certa medida, o

---

1 Publicação original: Mortatti (2020c).

2 Trata-se de *Na linha do cerol: reminiscências poéticas*, de João Scortecci (Scortecci Editora, 2003). Analiso um exemplar da nona edição, de 2008, com capa de Heber F. Alvares, ilustrações com dezessete gravuras por Luiz Carlos Checcia, nota introdutória, 62 poemas e nove comentários críticos anexados ao final do livro. A partir da edição de 2003, foi acrescentado o adjetivo "poéticas" ao subtítulo.

3 João Scortecci é poeta, escritor, editor, gráfico, livreiro e presidente da Associação Brasileira da Indústria Gráfica – SP e membro de entidades relacionadas com a cadeia criativa, produtiva e distributiva do livro e com o fomento à leitura. É autor, entre outros, de *Guia do profissional do livro* (coautoria); quatro livros de prosa de ficção para público infantil e juvenil; sete livros de poesia, entre os quais *Na linha do cerol: reminiscências poéticas* (2003) e da Série Menino Tipográfico e Outras Histórias – cinco volumes.

entrecruzamento das principais características desse livro-arraia,[4] que se empina com o "vento de reminiscências" e convida o leitor a acompanhar o "sonho de ir além do destino" no "voo da alma" do menino-poeta, mas sem temer a "linha do cerol",[5] metáfora central que sustenta a unidade temática do livro, como eixo em torno do qual se vão tecendo, no movimento em vórtice ascendente, as várias camadas de sentido da configuração textual.

Figura 10 – Capa do livro *Na linha do cerol*, de João Scortecci

Fonte: Acervo de Maria Mortatti.

---

4 "Arraia", "pipa" ou "papagaio" são algumas das variantes de denominação do brinquedo feito por uma armação com varetas de madeira ou outro material adequado, como palha de coqueiro, encapadas normalmente com papel de seda. Preso por uma linha, o brinquedo é manejado por uma pessoa e elevado e sustentado no ar pelo vento.

5 "Cerol" se refere aqui à mistura cortante de vidro moído e cola que se passa na linha com que se empina o brinquedo voador, com objetivo de cortar a linha de outro em "batalhas" no céu.

Habilmente manejada pelo poeta – à semelhança do menino que lanceia a arraia para uma disputa no céu –, essa figura de linguagem opera no nível do enunciado e da enunciação, com sentidos e funções complementares entre si e apenas aparentemente opostos. Em vez de lancear/cortar, enlaça/costura o leitor pelo "fio da memória" de vivências de infância elevadas à condição de experiência humana e transfiguradas em poesia. Ao mesmo tempo, enlaça/costura a singularidade do livro no conjunto da obra literária do autor e na tradição literária/memorialística brasileira – especialmente a partir do século XIX – sobre o tema da infância.

2.

Os 62 poemas numerados que compõem o livro podem ser lidos isoladamente ou como unidades de um extenso poema lírico que contém uma narrativa memorialística-autobiográfica, cujo enredo está estruturado em ao menos três partes: nos poemas 1-7: apresentação de eu-poético/protagonista/narrador e outros personagens – amigos, meninas/mulheres, familiares –, tempo e espaço das reminiscências; nos poemas 8-59: sequência dos episódios rememorados; nos poemas 60-62: clímax, com o brusco rompimento da sequência narrativa, a explicitação do conflito da "hora de partir" (61)[6] e o desfecho, com a "anistia" do passado e o "resgate do poema" (62).

As reminiscências se iniciam com o protagonista aos 8 anos de idade, em março do "ano verde-oliva de 1964" (1), na

6 Entre parênteses estão indicados os números dos poemas de onde extraí os trechos citados.

cidade de Fortaleza/CE, até o "exílio voluntário", depois de se despedir da infância, com um "cerol de março de mil novecentos e setenta e dois" (60). A sequência cronológica linear dos episódios rememorados e as referências diretas ao contexto histórico e geográfico propiciam apreender, no transcurso dos também oito anos do tempo da narração, o tempo psicológico/subjetivo do processo de iniciação/aprendizagem sexual e de formação de identidade.

A unidade temática sustentada pela metáfora da "linha do cerol" se desdobra em metáforas correlatas ao fluxo do Rio Pajeú – "canal polonês que corta a cidade/ e o mundo em córregos"(4), "caminho de passagem e de chegada durante o ano inteiro" (36), em cujo vale se encontra a "a toca do muçum preto"[7] (4, 61, 62...) e se deu a despedida da infância (60). No entrelaçamento com o conteúdo das reminiscências e com as escolhas formais e estilísticas, é possível visualizar os engenhosos movimentos ondulatórios em vórtice, por meio dos quais se vão tecendo as várias camadas ascendentes – das mais aparentes às mais íntimas – de sentido da configuração textual.

Aos que viveram a infância nos anos de 1960 no Brasil, a imagem da capa, o conteúdo das reminiscências e as belas gravuras que ilustram dezessete poemas podem ter o efeito quase imediato de despertar lembranças factuais e afetivas, dialogando com as do autor ou complementando-as. Brinquedos, brincadeiras, jogos, costumes, alimentação, vestuário, escola,

---

7 "Muçum", conhecido popularmente como "enguia-do-pântano" ou "cobra-d'água", é um peixe de água doce, carnívoro, com hábitos noturnos, que habita rios, lagos, córregos, brejos, pântanos, podendo sobreviver a longos períodos de seca, enterrado em tocas. É também utilizado como isca para pesca.

professores, modos de socialização, fatos políticos, referências culturais, literárias e religiosas se perfilam nos poemas, remetendo ao contexto histórico e social de formação de geração de brasileiros e brasileiras, despertando ainda o interesse de novas gerações em conhecer aspectos do passado recente do País e a obra poética do autor.

Há também passagens de lirismo mais intenso, concentradamente nos poemas 60-62 e em tantos outros, como nestes: 3 – Papai Noel "Apagou-se no escuro do silêncio/ e nunca mais foi achado"; 20 – a voz de Sara cantando "[...] o mar também tem amante/ o mar também tem mulher./ É casado com areia/ Dá-lhe beijos quando quer..."; 30 – Vovó Chiquinha, que "[...] existia e não existia/ no livro da vida. [...] Subiu aos céus em noite de lua cheia/ na primeira batida do mar/ Deixou uma digital de polegar no coração"; 34 – Margarida, que "Um dia fugiu de casa/ com mala e olho roxo./ Voltou carioca no andar e falar/ e logo foi embora novamente"; 55 – "O anjinho que professora Rosa me deu/ foi devorado por cobras e lagartos/ ainda no purgatório./ Chorei no eucalipto/ uma coqueluche de arquibancada"; 60 – "No alfenim da memória/ o gosto amargo da fervura em movimento/ ebulição de inquietude e renitência"; 61 – "Antes de entrar no Túnel do Tempo/ recolhi do cenário o par de sandálias havaianas./ Dei a última espiada no vazio dos olhos/ e não me vi na raiz do coqueiro".

Talvez, porém, sejam as lembranças da iniciação/aprendizagem sexual do universo masculino que se destaquem, convidando os leitores a ficar na posição de *voyeurs* – como os meninos que, a pretexto de resgatarem a arraia lanceada, espiam "Na brecha da telha sem forro/ o corpo aveia da moça no banho das seis" (28) –, diante da explicitude poeticamente trabalhada, seja por meio das muitas palavras e expressões com a força imagética de sentidos sugestivamente ambíguos a pulular nas páginas do livro – como "muçum preto", "gavião afoito", "fios de ovos", "vômito no prato", "moita do pau de arara", "goiaba bichada", "reserva na palma da mão" –, seja nos poemas dedicados a personagens femininas, em que se descrevem desejos e rituais de sedução erótico-sexual, a despeito de possíveis ressalvas que leitores atuais possam apresentar a essa representação da mulher.

O entrelaçamento é tecido também na relação do conteúdo das reminiscências com as opções formais e estilísticas: a disposição em versos breves, livres e soltos, cada um deles em apenas uma página, e o predomínio de substantivação e frases nominais, característicos da "concisão expressiva", expressão utilizada pelo escritor Fábio Lucas[8] para se referir à marca do estilo do poeta.

Essas características se encontram em todos os poemas, de modo menos ou mais visível. Em alguns estão de tal modo condensadas que, ao lê-los, tem-se a impressão de ter encontrado o "cabograma secreto" que o menino "depositou no esconderijo da toca do muçum preto" (61). Um exemplo de "lancear arrepios" é o poema 7, onde é possível visualizar e sentir os movimentos ondulatórios que entrelaçam diferentes camadas de sentido entre a denotação e a conotação, entre o factual-empírico e o simbólico-onírico.

---

8 Encontra-se no comentário crítico "O passado que não passou", de Fábio Lucas, anexado ao final do livro de João Scortecci, a partir da edição de 2003.

– 7 –
Basta – quase nada – de simpatia e vento
para se fazer uma arraia-pipa
voar feito pássaro em liberdade
Receita do Nelsinho
linha 24 de carretel de madeira
três palitos compridos de palha de coqueiro
2 folhas de papel de seda
uma mão generosa de grude de maisena
pano velho de algodão para rabo-de-escama
poder-de-puxar-e-rasgar
uma gilete para a ponteira
cerol de néon de vidro bem picado
peneirado em meia de nylon
de mulher honesta e água
Água espraiada do Rio Pajeú.

No poema estão representadas duas faces de mesmo desejo, movido por "simpatia e vento": o do menino, no símbolo fálico do voo da arraia-pipa; e o do poeta, na metáfora do livro-arraia. Nessa sofisticada representação, condensando camadas de sentido, ressalta-se o caráter substancialmente lírico das reminiscências, em um jogo incessante entre explicitação e despiste, semelhante às brincadeiras de esconde-esconde ou cabra-cega.

3.

Como se estivesse penetrando na intimidade do poeta, arrisco-me a formular uma hipótese interpretativa com base nas pistas e despistes sintetizados nos poemas do desfecho. A origem do livro é o poema-diário-cabograma secreto, depositado no "esconderijo da toca do muçum preto" (61) – com *Encontro marcado*, de Fernando Sabino, e *Diário de Dany*, de Michel Quoist (62) – que, "no dia da hora certa" (61), "vinte e quatro anos depois" (62), o poeta resgata "na linha do cerol" (62). Anistia, então, o passado, para o qual "não há respostas", "além de reminiscências" (62).

Se assim for, é possível acrescentar: aquela "concisão expressiva" remete à característica de estilo esboçada desde as primeiras anotações – talvez como linguagem "criptografada" no código secreto do registro de confidências – no diário (real ou fictício?) daquele que via o mundo através de "óculos fundo de garrafa" (4) e vivia como poeta em construção "lá fora, no pátio de ser menino inocente/no golpe revolucionário dos fatos" (2). Com a despedida da infância e seu posterior resgate como poema, o cerol que corta laços com o passado – "impossível ficar" (60) – também enlaça/costura com a linha da poesia – "Impossível morrer" (60) – as reminiscências do vivido "em ebulição".

Nesse livro, portanto, a concisão pode ser interpretada como resultado do esforço de preenchimento, por meio de uma reapresentação e transfiguração poética da travessia em busca do acesso ao que está ausente – o passado – e não se podia mostrar, quando era presente. Porque a memória é lacunar e coordenativa – como o ambiente onírico; e o que passou não pode ser reconstituído como de fato foi, apenas pelo que a memória afetiva reteve dos fatos vividos: sensações tácteis, auditivas, visuais, olfativas, gustativas.

Ainda que de modo não consciente, talvez o menino-poeta tenha ensaiado nos registros do diário o estilo que o homem-poeta resgatou, foi consolidando em seus livros de poemas e também está presente em sua prosa ficcional e memorialística.[9] Desse ponto de vista, ao mesmo tempo que se destaca por suas características específicas – poema lírico com narrativa memorialística-autobiográfica em que se enfatiza a iniciação/aprendizagem sexual –, *Na linha do cerol* representa uma espécie de marco de opção poética e estilística do autor, que se firma nos livros posteriores e enlaça o conjunto de sua obra literária desde as primeiras publicações.

É também pelo "fio da memória" que o livro se enlaça na tradição literária/memorialística brasileira – especialmente a partir do século XIX – sobre o tema da infância. Além da remissão indireta, no poema 1, a "Meus oito anos", de Casimiro de Abreu (poema gestado no contexto de seu "exílio voluntário" temporário em Portugal), os episódios rememorados ao longo dos poemas de *Na linha do cerol* evocam outros textos em verso ou prosa. Para citar os que de mais imediato me vêm à lembrança, apenas entre os de autoria masculina e brasileiros: na poesia – "Infância", de Carlos Drummond de Andrade, e "Infância", de Manuel Bandeira; na prosa – *Infância*, de Graciliano Ramos, *Menino de engenho*, de José Lins do Rego, *A idade do serrote*, de Murilo Mendes.

Embora recorrente como matéria poética-ficcional-memorialística, são obviamente diversificados os tratamentos dados ao tema, conforme singularidades de vivências e experiências dos sujeitos que rememoram. No entrelaçamento do encontro

9 Em sua obra poética e memorialística, ao menos dois aspectos que destaco nesta resenha também merecem posteriores estudos mais detalhados: o tratamento ao mesmo tempo lírico e realista dado às personagens femininas retratadas e a função do exímio e experiente narrador na transfiguração poética dos fatos rememorados.

marcado com o passado e o resgate do poema – no presente da narração – como memória do futuro, configura-se a singularidade de *Na linha do cerol*, livro-arraia que eleva as reminiscências das vivências do menino-poeta à condição de experiência humana transfigurada em poesia, possibilitando uma identificação e provocando nos leitores o desejo de ir além das margens do rio da infância.

4.

Trata-se, portanto, de um livro-arraia-com-linha-de-cerol que convida os leitores a se deixarem enlaçar – pelo conteúdo das reminiscências e pela forma literária – para se lançarem no desafiante jogo memorialístico-poético de que não se pode sair ileso, mas em que todos vencem. Porque, em vez de disputas de interpretações e para além da visão do universo masculino, o convite é para rememorar, complementar, questionar, explorando pistas e despistes das inúmeras camadas de sentido apenas comentadas, mencionadas ou sugeridas neste texto. Porque este é o desafio que nos propõe a leitura de um bom livro: lá onde buscamos respostas, encontramos perguntas que nos instigam a continuar em busca dos sonhos "de ir além do destino" e "voar feito pássaro em liberdade".

Antonio Firmino de Proença, escritor didático, e a *Belle Époque* educacional paulista[1]

Introdução

Para aquelas(es) brasileiras(os) que – como eu – iniciaram seu processo de escolarização na segunda metade do século XX assim como para os que o iniciam neste início de terceiro milênio, pode parecer óbvio e natural o fato de terem aprendido a ler e a escrever na escola, com professor*as* e por meio de cartilhas de alfabetização ou material didático equivalente. E, para aquelas(es) brasileiras(os) que – como eu – formaram-se professoras(es) na segunda metade do século XX assim como para os que se formam neste início de terceiro milênio, pode também parecer óbvio e natural que devam ensinar a ler e escrever na escola, por meio de cartilhas de alfabetização ou material didático equivalente.

Aqueles que desenvolvem pesquisas históricas sobre educação, em especial sobre história da alfabetização no Brasil, sabem,

1 Publicação original: Mortatti (2022). Neste texto estão sintetizadas informações contidas em Mortatti (2000a).

porém, que nem sempre foi assim. Até o início do período imperial, aqui não existiam escolas para instrução pública elementar/primária, nem professores (muito menos professoras) formados/habilitados e cartilhas de alfabetização como as conhecemos, nem a necessidade de tê-los. E, no período colonial, os povos originários destas terras não tinham necessidade de saber ler e escrever, pois não existia língua escrita nem o que denominamos hoje "sociedade letrada e grafocêntrica" (Mortatti, 2004).

Ensinar (como professoras[es]) e aprender (como alunos[as]) a ler e a escrever, na escola elementar/primária e por meio de cartilhas de alfabetização, são aspectos de uma tradição fundada no século XIX – especialmente depois da Lei de 15 de outubro de 1827, assinada por Dom Pedro I, que "Manda crear escolas de primeiras letras em todas as cidades, villas e logares mais populosos do Imperio" –, consolidada nas décadas iniciais do século XX e transmitida por meio de certa cultura escolar que foi sendo configurada nos embates com outras novas tradições, ao longo do século passado.

Para a fundação de uma tradição no ensino da leitura no Brasil, a produção editorial de livros escolares e a profissionalização do escritor didático, contribuíram decisivamente professores – dentre os quais Antonio Firmino de Proença – formados pela Escola Normal de São Paulo no clima do "entusiasmo pela educação", categoria analítica formulada por Nagle (1974) em relação ao período da Primeira República (1899-1930), e no âmbito do que pode também considerar *Belle Époque*[2] educacional paulista, por analogia – ainda que em escala e

2 A expressão *Belle Époque* designa o clima intelectual, artístico e cultural cosmopolita em países europeus, com profundas transformações e

impacto menos visíveis – com o clima intelectual artístico da Europa entre fins do século XIX e início do século XX, que influenciou, no campo das artes e da literatura, a realização da Semana de Arte Moderna de fevereiro de 1922, no Teatro Municipal de São Paulo, ano também de comemoração do centenário da Independência do Brasil.

Em gradativa substituição aos bacharéis em Direito que exerciam funções no magistério, esses professores normalistas – como eram chamados – constituíram uma elite intelectual, sobretudo a partir da reforma republicana da instrução pública paulista, iniciada em 1890, que se tornou modelar para outros estados brasileiros e tinha como objetivo inovar e modernizar a instrução pública, em consonância com o projeto de modernização do Estado brasileiro e as urgências políticas, sociais e culturais do período.

1. Proença e a *Belle Époque* educacional paulista

Natural da cidade de Sorocaba, no interior paulista, Antonio Firmino de Proença (1880-1946) diplomou-se pela Escola Normal da Capital do Estado de São Paulo em 1904, aos 24 anos de idade. A partir de seu ingresso nessa escola, integrou a elite intelectual de professores que passaram a ocupar cargos na administração educacional paulista, assessorar autoridades educacionais, liderar movimentos associativos do magistério e produzir um extenso conjunto de tematizações, normatizações

---

novos modos de pensamento e vida social, no período entre a Guerra Franco-Prussiana, finalizada em 1871, e o início da Primeira Guerra Mundial, em 1914.

e concretizações,[3] especialmente em relação ao ensino da leitura (e escrita) na escola primária, um dos aspectos estratégicos para a implantação do regime político republicano.[4]

A atuação desses professores configurou uma atitude caracteristicamente paulista e definidora do que denominei "segundo momento crucial" na história da alfabetização no Brasil (1890 – meados da década de1920): a disputa entre os defensores do então novo e moderno método analítico (Mortatti, 2000a).[5]

Baseado especialmente em moldes norte-americanos e utilizado, após a reforma da instrução pública paulista de 1890, na Escola-Modelo Primária Anexa à Escola Normal de São Paulo,

---

3 Trata-se de categorias que formulei para classificação dos documentos, relativos à história da alfabetização no Brasil. A esse respeito, ver Mortatti (2000a).

4 Em Mortatti (2000a) e em Mortatti, Oliveira, Bertoletti (2015), coletânea de textos comemorativa dos vinte anos do GPHEELLB – Grupo de Pesquisa História da Educação e do Ensino de Língua e Literatura no Brasil, encontram-se resultados de pesquisas de seus integrantes, enfocando vida e obra desses e outros sujeitos da história do ensino de leitura e escrita nos séculos XIX e XX.

5 Analítico e sintético são os dois tipos básicos de métodos de alfabetização, cujos processos seguem, respectivamente, o caminho: da parte para o todo e do todo para a parte. De acordo com o método sintético, deve-se iniciar o ensino da leitura (e escrita), ou pelos nomes das letras (método alfabético), ou pelos fonemas (método fônico), ou pelas sílabas (método silábico). De acordo com o método analítico, esse ensino deve ser iniciado ou pela palavra (método da palavração), ou pela sentença (método da sentenciação), ou pela "historieta" (método da historieta) para o ensino da leitura (e escrita), em oposição ao que denominavam "ensino tradicional", representado pelos antigos métodos sintéticos (alfabético, fônico e silábico), herdados do século XIX (Mortatti, 2000a; 2019a).

o método analítico para o ensino da leitura (centrado de início nos processos da palavração e da sentenciação) foi proposto e defendido programaticamente pelos reformadores paulistas como a "bússola da educação" e correspondente, no nível didático-pedagógico, à excelência do regime político republicano. Os propugnadores desse novo método, no entanto, foram produzindo apropriações diferenciadas, gerando disputas entre os que se consideravam "modernos" e "mais modernos" em relação ao modo de se processar esse método.

Essas disputas resultaram na hegemonia de certas tematizações, normatizações e concretizações que culminaram na institucionalização, pelas autoridades educacionais paulistas, do método analítico centrado na "historieta"[6] para o ensino da leitura e escrita a crianças, ou alfabetização, como se passou a denominar correntemente esse processo escolarizado, a partir da década de 1920.[7]

---

6 O termo "historieta" foi definido, no documento *Instrucções practicas para o ensino da leitura pelo methodo analytico: modelos de lições* (São Paulo, 1915), como "[...] um conjunto de sentenças, enunciadas pelos alunos a partir do estímulo visual gerado pela observação e fixadas pela memória, que mantém nexos lógico-gramaticais entre si [...]".

7 Nesse segundo momento crucial da história da alfabetização escolar no Brasil, no ensino das primeiras letras se enfatizava o ensino da leitura, compreendida como instrumento de cultura, mediante a compreensão do pensamento expresso por outrem. Como auxiliar da leitura e dela decorrente, a escrita ainda era entendida como caligrafia e cópia, e seu ensino envolvia discussões respaldadas, por exemplo, em teorias sobre os movimentos musculares requeridos e o tipo de letra manuscrita a ser utilizado: inclinada ou vertical. Além das discussões a respeito desse ensino, contidas indiretamente nas cartilhas ou diretamente em textos publicados em revistas pedagógicas, o ensino de caligrafia mereceu atenção especial, nesse segundo momento, tendo sido objeto de

Desse processo histórico resultou a fundação de uma (nova) tradição relativa a esse ensino. A partir de então, mesmo depois de ter sido promulgada no estado de São Paulo a Lei nº 1750, de 1920 – Reforma Sampaio Dória,[8] que determinou – entre outros aspectos atinentes à instrução pública – a "autonomia didática" do professor, e mesmo quando, em estreita relação com outras urgências políticas, sociais e culturais, essas disputas foram se amenizando com a disseminação de métodos mistos ou ecléticos (analítico-sintéticos ou sintético-analíticos), a tradição fundada nesse segundo momento crucial continuou atuante (e até os dias atuais, ainda que silenciosamente) nas práticas de alfabetização no Brasil, como parte de uma cultura escolar que foi sendo consolidada e transmitida, nos embates com outras novas tradições, ao longo do século passado e deste também.

A transmissão se deu, sobretudo, por meio de: concretizações das novas propostas de ensino, especialmente em cartilhas de alfabetização e livros de leitura, com sucessivas edições e circulação em diferentes estados brasileiros, publicados em "séries de leitura graduada", decorrentes das experiências pedagógicas bem-sucedidas de seus autores e baseadas em normatizações oficiais elaboradas com a participação de muitos dos professores daquela elite intelectual; processo de seleção, aprovação e compra, pelo Estado, de livros didáticos adotados oficialmente; expansão e consolidação do mercado editorial de

---

"metodização" em uma variedade de "cadernos" publicados especialmente para esse fim (Mortatti, 2000a).

8 Essa lei foi promulgada durante a gestão do professor Antonio de Sampaio Dória como diretor-geral da Instrução Pública do Estado de São Paulo e ficou conhecida como "Reforma Sampaio Dória".

livros didáticos produzidos por brasileiros e por editoras brasileiras que foram se especializando nesse segmento para a escola brasileira e se adequando à nova ordem educacional decorrente da instalação do regime republicano no Brasil; e processo de profissionalização do escritor didático com o correspondente engendramento de uma especialidade editorial: a publicação de livros didáticos.[9]

No clima da *Belle Époque* educacional paulista, Proença se formou e desenvolveu grande parte de suas atividades no magistério e em funções correlatas. Como era habitual para os iniciantes nessa profissão, fez seu périplo por cidades do interior paulista, como professor de escola primária e de escola normal, lecionando diferentes matérias. Ainda em cidades interioranas, Proença iniciou suas atividades como diretor de escola, tendo exercido, em 1912, a função de diretor

9 Sobre a história do livro didático no Brasil, a obra fundadora é a tese de doutorado de Circe Bittencourt defendida em 1993 e publicada posteriormente em livro. A autora apresenta resultados de uma pesquisa detalhada, com informações e análises decisivas para a compreensão dessa história, especialmente a partir da vinda da família real portuguesa em 1808, a criação da Impressão Régia, o fim de seu monopólio depois da proclamação da Independência em 1822, o surgimento das primeiras editoras de propriedade principalmente de portugueses e franceses, que investiam na tradução de livros franceses ou procuravam entre professores renomados do Colégio Pedro II autores de livros didáticos para o ensino elementar e secundário, o processo de nacionalização do livro didático, no conteúdo, na forma e na técnica de produção, como ocorreu no início do século XX quando os irmãos Weiszflog (depois, Melhoramentos) instalaram uma gráfica na capital paulista e passaram a produzir livros didáticos com uma nova técnica de impressão, incluindo ilustrações cuidadosas, como os de Antonio Firmino de Proença e outros escritores didáticos citados neste texto.

em comissão da Escola Normal Primária de Piracicaba e, em 1913, a de diretor substituto da Escola Normal Secundária de São Carlos. Em 1922, aos 32 anos de idade, iniciou suas atividades como diretor efetivo dessa última escola, tendo também atuado, nesse período, como professor e inspetor escolar. De 1930 até sua aposentadoria em 1939, retornou à Escola Normal da Capital do Estado de São Paulo, para atuar como diretor e professor (Gazoli, 2011).

Em consonância com as atividades desenvolvidas pela elite intelectual que ele integrava, além de cargos e funções como professor, diretor e inspetor escolar, ao longo de sua atuação no magistério paulista, Proença teve publicados: entre 1913 e 1934, artigos sobre variados assuntos educacionais em revistas pedagógicas paulistas; em 1930, um livro sobre educação e ensino; em 1928, um livro sobre ensino de geografia (Gazoli, 2011).

Em relação ao ensino da leitura, embora mais tardiamente do que os de sua geração, mas ainda no clima da época e no âmbito da tradição fundada nesse segundo momento crucial, Proença teve publicados, entre 1926 e 1928, pela Editora Melhoramentos (SP), os livros da Série de Leitura Graduada que levou seu nome e que era constituída por: *Cartilha Proença* (1926), *Leitura do principiante* (1926), *Primeiro livro de leitura* (1926), *Segundo livro de leitura* (1927), *Terceiro livro de leitura* (1928) e *Quarto livro de leitura* (19?).[10] Esses livros contribuíram para a formação de muitas gerações de brasileiros e tiveram sucessivas edições, algumas com circulação em outros estados

10 O 1º, 2º e 3º *Livro de Leitura* foram reeditados em 1948 com novos títulos, respectivamente: 2º, 3º e 4º *Livro de Leitura*. A respeito da imprecisão do ano de publicação desses livros, ver Razzini (2010).

brasileiros, como Pernambuco, Ceará e Santa Catarina, além de São Paulo (Gazoli, 2011).

Quando foi publicada a Série de Leitura Proença, haviam se passado mais de três décadas desde o início da reforma republicana da instrução pública paulista. O número de matrículas na escola primária pública aumentava, a demanda por livros didáticos crescia, o mercado editorial brasileiro de livros didáticos se expandia e se consolidava a nova especialidade editorial bem como o processo correlato de profissionalização do escritor didático. E a Editora Melhoramentos já se destacava entre as que conquistavam prestígio e credibilidade na publicação dessa especialidade editorial.

Quase duas décadas haviam se passado desde a publicação das primeiras cartilhas brasileiras baseadas no método analítico centrado na historieta. A "autonomia didática" dos professores estava assegurada pela Lei nº 1750, de 1920, mas os administradores educacionais defendiam a excelência e a cientificidade do método analítico para o ensino da leitura, enquanto os professores primários continuavam alegando muitas dificuldades para ensinar a ler por meio desse método e demonstravam preferência por cartilhas baseadas nos antigos métodos sintéticos, as quais continuavam a ser publicadas.[11]

Quando, em 1924, Proença assinou com a Melhoramentos o contrato para a publicação de sua Série de Leitura Graduada, haviam também se passado duas décadas desde que ele

11 A título de exemplo, em 1924, ano em que Proença assinou o contrato com a Melhoramentos, era publicada a 109ª edição, pela Francisco Alves, de *Cartilha da infancia*, de Thomaz Galhardo. A esse respeito, ver Mortatti (2021) e Santos (2015).

concluíra o curso de formação de professores na Escola Normal de São Paulo. Ocupando, naquele ano, o cargo de diretor da Escola Normal de São Carlos, Proença já tinha acumulado, portanto, sólida experiência em diferentes atividades no magistério e gozava do devido prestígio conquistado ao longo de sua trajetória profissional.

Embora tenha se formado e iniciado suas atividades no magistério no clima daquelas disputas em torno dos métodos de ensino da leitura (e escrita), delas Proença não participou diretamente, talvez por índole pouco afeita a esse tipo de disputas, talvez por saber que havia espaço para muitos diante das necessidades da instrução pública, talvez por saber que havia tempo, ainda, para apresentar sua proposta de concretização do método analítico para o ensino da leitura. Seja por um, por todos ou por nenhum desses motivos, o fato é que Proença não se apresentava nem como contendor nem como alheio em relação àquelas disputas; nem tampouco como mestre nem como discípulo. Não procurou, porém, escamotear a interlocução com os de sua geração intelectual.

Essas características de Proença certamente contribuíram para conferir legitimidade a sua Série de Leitura Graduada e, ao mesmo tempo, delinear seu lugar como escritor didático em meio aos demais, em especial o lugar de sua cartilha de alfabetização, na qual se encontra a concretização mais direta de seu método de ensino da leitura e que teve maior circulação entre os livros da série que integra.

Publicadas nos estertores do segundo momento crucial na história da alfabetização no Brasil, quando os métodos mistos (analítico-sintéticos ou sintético-analíticos) começaram a ganhar adesão de professores e de escritores-didáticos e a se tornar rotineiros, quando novas urgências começaram a se impor no nível político e social no país, a Série de Leitura Proença e, em especial, a *Cartilha Proença* – uma das últimas cartilhas brasileiras baseadas explícita e programaticamente no método analítico –, podem ser consideradas "obra de maturidade", do ponto de vista tanto da trajetória profissional do autor quanto da trajetória do método analítico para o ensino da leitura.

2. A proposta de Proença para a alfabetização

Figura 11 – Capa de *Cartilha Proença*, primeira edição, 1926; 66ª edição, 1948; 84ª edição, 1955

Fonte: Acervo de Maria Mortatti.

A *Cartilha Proença* teve sua primeira edição em 1926 e foi publicada até a 84ª edição, de 1955, com um total de mais de 150 mil exemplares (Melhoramentos, 2008) editados e distribuídos em vários estados brasileiros, ao longo de pelo menos mais de três décadas.[12]

12 A respeito dessa cartilha, ver, especialmente Mortatti (2000a; 2000b) e Gazoli (2011).

Desses textos e do contrato firmado entre Proença e a Melhoramentos (Melhoramentos, Contrato, 1924), foram extraídos os dados sobre as edições da cartilha. No prefácio da *Cartilha Proença*, o autor explicita e justifica o método de ensino que utiliza:

> [...] o desenvolvimento do ensino por esta cartilha obedece aos principios do methodo analytico, ou antes, do methodo analytico-synthetico, porque a analyse e a synthese se apresentam sempre integralizando o processo mental". (Proença, 1926, p.III)

Sintonizado com as orientações da época, referindo-se ao princípio da "autonomia didática" do professor, Proença adverte que é um livro de leitura destinado ao aluno. Não se trata, portanto, de um "methodo para o professor", o qual, "[d]entro das normas estabelecidas nos programmas officiaes e obedecendo aos mesmos principios geraes do methodo, deve [...] ter plena liberdade de acção" (p.IV).

Na interlocução com os de sua geração intelectual, adverte, por fim:

> Não tivemos a pretensão de fazer obra original. Depois dos bellissimos e valiosos trabalhos de Theodoro de Moraes, Mariano de Oliveira, Arnaldo Barreto, Benedicto Tolosa, Gomes Cardim e Francisco Vianna, para só citar os mais conhecidos do professorado paulista, tentar originalidade neste dominio seria pretensão estulta. A obra não é inteiramente original, mas temos certeza de que será util. (Proença, 1926, p.IV)

Referindo-se aos nomes desses professores como "os mais conhecidos do magistério paulista", Proença remete especialmente às cartilhas de cada um deles, todas de acordo com o método analítico centrado na historieta, mas com pequenas diferenças na forma de processar o método. Além da destacada atuação profissional desses professores escritores didáticos, suas cartilhas foram responsáveis, em grande parte, pela "popularidade" de seus autores entre professores primários do estado de São Paulo e de outros estados brasileiros, seja por meio de sua adoção oficial por governos estaduais, seja por meio das "missões de professores paulistas". (Mortatti, 2000a)[13]

3. Os interlocutores indiretos da *Cartilha Proença*

Os professores que Proença considerava "os mais conhecidos do magistério paulista" não foram, porém, como ele mesmo ressalva, os únicos a elaborar cartilhas baseadas no método analítico, nesse segundo momento crucial na história da alfabetização no Brasil.

Entre o fim da década de 1890 e o início da década de 1900, começaram a ser publicadas cartilhas brasileiras afinadas com o novo método para o ensino da leitura. De fato, sua oficialização e a organização de um sistema público de ensino passaram a demandar a adaptação do método aos moldes linguísticos e culturais brasileiros e a produção de cartilhas e livros de leitura

13 Alguns desses professores integraram, também, "missões de professores paulistas", e, especialmente durante as décadas iniciais do século XX, foram convidados pelos governos de outros estados brasileiros para realizarem reformas da instrução pública de acordo com o modelo implantado no estado de São Paulo.

de acordo com as reformas da instrução pública paulista. Além de baseado em "métodos antigos", o material didático impresso produzido por brasileiros até a década de 1880 era bastante incipiente do ponto de vista quantitativo, em vista das novas necessidades de organização, expansão e modernização da instrução pública.

A despeito da ardorosa defesa do método analítico empreendida pelos reformadores do ensino paulista desde o início da década de 1890, os dados obtidos indicavam, porém, que, com exceção da Escola-Modelo Primária Anexa à Escola Normal de São Paulo, nas demais escolas primárias do estado – nesse segundo momento – os professores tendiam a continuar utilizando cartilhas antigas baseadas em métodos sintéticos e que tiveram sucessivas edições, por muitas décadas, como ocorreu com a *Cartilha da infância*, de Thomaz Galhardo, e com a *Cartilha nacional*, de Hilário Ribeiro, ambas com primeira edição presumivelmente na década de 1880.

A primeira cartilha afinada com o método analítico parece ter sido o *Primeiro livro de leitura*, da professora Maria Guilhermina Loureiro de Andrade, que fora diretora da seção feminina da Escola-Modelo Primária Anexa à Escola Normal de São Paulo na época em que *Miss* Marcia Priscila Browne era diretora da seção masculina dessa escola. A cartilha foi publicada provavelmente no fim da década de 1890, e o método nela utilizado "[...] era o da 'palavração', passando a ser conhecido como o 'método do gato', porque a primeira lição girava em torno de uma criança e um gatinho, que brincavam com uma bola" (Leite *apud* Pfromm Neto; Dib; Rosamilha, 1974, p.162).

Em 1902, foi publicada a cartilha *Arte da leitura*, do professor Luiz Cardoso Franco, diplomado pela Escola Normal de São Paulo em 1887. Essa cartilha ainda estava fortemente influenciada pela *Cartilha maternal ou Arte da leitura* (1876), do poeta português João de Deus, baseada no método da palavração, e ambos – a cartilha e o "método João de Deus" – foram ardorosamente defendidos no Brasil, na década de 1880, especialmente pelo professor positivista Antonio da Silva Jardim.[14]

Ainda em 1902, foi também publicada a *Cartilha moderna*, de Ramon Roca Dordal,[15] por Spíndola, Siqueira & Cia. De origem espanhola e coautor do documento oficial *Instrucções practicas para o ensino da leitura pelo methodo analytico – modelos de lições* (São Paulo, 1915),[16] Dordal também atuou junto à *Revista de Ensino*.[17]

Data ainda de 1902 a publicação, nessa revista, de uma série de artigos divulgando e discutindo a cartilha de Dordal, nos

---

14 A respeito dessas e das demais cartilhas publicadas no século XIX e no início do século XX, ver especialmente Mortatti (2000a; 2000b). Sobre Silva Jardim e o ensino da leitura, ver Mortatti (2000a) e Pasquim (2022).

15 A respeito da formação e atuação profissional de R. R. Dordal, ver Mortatti (2000a) e Pasquim (2015)

16 Nesse documento – cujos demais coautores são apresentados neste texto –, encontram-se sistematizados os princípios operacionais do método analítico para o ensino da leitura, por meio de "modelos de lições", organizados em cinco passos – sempre acompanhados de orientações gerais –, que "devem occupar o professor durante quatro mezes", sem uso da cartilha, ao fim dos quais deve-se passar para o *Meu livro* (1909), de Theodoro de Moraes, que na ocasião era "o que mais se approximava da orientação das Instrucções" (Barreto, 1926, p.100). Esses princípios e "modelos de lições" podem ser encontrados em muitas cartilhas atuais, nas quais o "todo" é representado por uma "historieta".

17 Em 1901, foi fundada a Associação Beneficente do Professorado Público Paulista, que, de 1902 a 1918, publicou a *Revista de Ensino*, a qual se destacou como uma instância privilegiada de discussões e debates sobre a instrução pública e também sobre o ensino da leitura.

quais estavam envolvidos professores com destacada atuação naquele momento: Arnaldo de Oliveira Barreto, João Köpke e Joaquim Brito. Iniciava-se, assim, um debate que se acirrou na década seguinte, com a acentuação das diferenças de processar o método analítico, sobretudo com a divulgação da *Cartilha n.1* e da *Cartilha n.2*, de João Köpke.

Quando voltou dos Estados Unidos da América, em abril de 1904, o professor Oscar Thompson trouxe uma "cartilha analítica", *The Arnold Primer* (1901), de Sarah Louise Arnold, cuja adaptação ao idioma português, realizada por Manuel Soares de Ornélia, foi editada por Silver, Burdet and Company e publicada no Brasil apenas em 1907. Mesmo antes de sua versão em português, a *Cartilha de Arnold* parece ter tido relativa difusão no País e ter influenciado grande parte dos escritores didáticos brasileiros que passaram a elaborar "cartilhas analíticas".

Outras cartilhas se seguiram, elaboradas por professores que atuavam no magistério, integrantes daquela elite intelectual e que partilhavam do clima de *Belle Époque* educacional, alguns deles com participação mais direta no "círculo do poder" educacional do estado de São Paulo. Mediante pareceres de "comissões de especialistas", essas cartilhas eram indicadas às autoridades educacionais[18] e, uma vez aprova-

18 A título de exemplificação, veja-se a "[...] seriação dos melhores livros didacticos approvados pelo governo, na ordem crescente de suas difficuldades e dos annos do curso escolar", apresentada por Joaquim L. de Brito para o primeiro ano: "1) *Cartilha moderna*, de Ramon Roca Dordal, ou *Cartilha das mães*, de Arnaldo Barreto. 2) *Primeiro livro de leitura*, de João Köpke. 3) *Novo segundo livro de leitura*, de Hilario Ribeiro. 4) *Historietas*, de João Pinto e Silva. 5) *Primeiro livro de leitura*, de d. Guilhermina de Andrade" (Brito, 1902, p.182). Em Parecer de 27.2.1904,

das, algumas delas passavam a ser adotadas – entendendo-se a "adoção" como oficialização e aquisição pelo Estado/poder público – para uso nas escolas primárias paulistas, com a finalidade de solucionar dúvidas dos professores e uniformizar o ensino da leitura. E muitas foram as polêmicas geradas no início da década de 1900 e veiculadas na *Revista do Ensino*, relacionadas com esse "chuveiro de livros abundantes" adotados pelo Estado (Bellegarde, 1902, p.75).

Ainda entre os interlocutores indiretos da *Cartilha Proença*, que não foram citados por seu autor, merecem destaque, devido a sua relação com aquele clima de época: *Cartilha n.1* e *Cartilha n.2*, de João Köpke, e *Cartilha – primeiro livro*, de Altina Rodrigues de Albuquerque Freitas.

---

a comissão composta por João Lourenço Rodrigues, J. Luiz de Brito e Antonio R. Alves Pereira, depois de um exame das obras didáticas aprovadas ou adotadas nas escolas públicas, apresenta também uma lista de livros e outros materiais de ensino que estão "em condições de ser adotados", para a 1ª série do 1º ano do curso preliminar: "1) *Cartilha das mães*, Arnaldo Barreto; *Cartilha moderna,* Ramon Roca; *Primeiro livro de leitura*, Maria G. Andrade. 2) *Cartilha da infância*, Thomaz Galhardo; *Arte da leitura*, Luiz Cardoso Franco; *Cartilha nacional*, Hilario Ribeiro. 3) *Cartilha maternal*, João de Deus; *Primeiro livro de leitura*, Hilario Ribeiro" (Rodrigues; Brito; Pereira, 1904, p.257). No *Annuario do ensino do estado de São Paulo-1908,* outra comissão, composta por Carlos Alberto Gomes Cardim, Theodoro de Moraes e Miguel Carneiro Junior, com o mesmo fim, elabora a seguinte lista: "Primeiro grupo: *Primeiro livro de leitura*, d. Maria Guilhermina; *Cartilha das mães*, Arnaldo Barreto; *Cartilha moderna*, Ramon Roca. Segundo grupo – *Cartilha do lar*, João Pinto e Silva; *Cartilha maternal*, João de Deus; *Cartilha da infância*, Thomaz Galhardo. Terceiro grupo – *Livro dos principiantes*, Nestor de Araujo; *Arte da leitura*, Luiz Cardoso Franco; *Cartilha nacional*, Hilario Ribeiro; *Cartilha infantil*, Arthur Thiré" (Cardim; Moraes; Carneiro Jr., 1908, p.391).

Natural do Rio de Janeiro e bacharel, em 1875, pela Faculdade de Direito de São Paulo, João Köpke dedicou décadas de suas atividades profissionais ao magistério no estado de São Paulo. Além de ter publicado vários artigos na *Revista de Ensino*, é autor de vários livros de leitura e de textos para a escola. Em 1874, Köpke tinha publicado *Methodo racional e rapido para aprender a ler sem solettrar – dedicado á infância e ao povo brazileiro*, cartilha baseada no método da silabação, o qual abandonou, em favor do que considerava a "excelência do método analítico". Presumivelmente suas *Cartilha n.1* e *Cartilha n.2* não foram publicadas, apenas apresentadas pelo autor em uma conferência que proferiu na cidade de São Paulo, em 1916. Nessa conferência, Köpke ofereceu os direitos autorais das cartilhas ao governo do estado, o que gerou a mais acirrada das polêmicas envolvendo esse professor fluminense e três professores paulistas: Arnaldo de Oliveira Barreto, Carlos Alberto Gomes Cardim e Mariano de Oliveira.[19]

Em 1920, foi publicada *Cartilha – primeiro livro*, de Altina Rodrigues de Albuquerque Freitas, pela Edição Pocaí ou Livraria Francisco Alves (?), na Série Oscar Thompson. Essa professora diplomou-se pela Escola Normal de São Paulo em 1902 e dedicou sua cartilha à memória de Gabriel Prestes, um dos reformadores da instrução pública paulista no início do período republicano. A cartilha traz, em sua segunda edição (1922), uma carta datada de 1920 e assinada por Oscar Thompson, que parabenizou a autora (Mortatti, 2000a).

Nesse processo de interlocução indireta envolvendo a *Cartilha Proença*, merece destaque ainda o fato de que, dois anos após a publicação da cartilha, foi publicada pela Melhoramentos a

19 A respeito de João Köpke e as polêmicas, ver Mortatti (2000a; 2015).

Cartilha do povo, de Manoel Bergström Lourenço Filho, diplomado pela Escola Normal de São Paulo em 1917. O nome desse professor não foi mencionado como autor de sua cartilha, talvez devido a uma espécie de "ética profissional", uma vez que, já nesse período, Lourenço Filho atuava como editor junto à Melhoramentos e se destacava como "autoridade educacional".[20] A *Cartilha do povo* era baseada em um método misto de alfabetização, tendo alcançado 2.201 edições até 1986 (Mortatti, 2000a, p.171).

4. Os interlocutores diretos da *Cartilha Proença*

Embora os professores citados por Proença não tenham sido os únicos autores de cartilhas nesse segundo momento, é significativo o fato de terem sido por ele escolhidos para ser citados como os mais conhecidos, porém não em estrita ordem cronológica de publicação de suas cartilhas ou de períodos de sua atuação profissional. A ordem em que Proença os cita presumivelmente decorre de critérios de relevância do ponto de vista, seja de seu convívio/relacionamento pessoal, seja de hierarquia na "popularidade" entre professores primários.

Em um ou em outro caso, é importante conhecer aspectos da formação e atuação profissional daqueles professores escritores didáticos assim como as principais características de suas cartilhas e do método de alfabetização nelas concretizado. O conhecimento desses aspectos contribui para se

20 A respeito de *Methodo racional e rapido...*, ver Mortatti (2000a). A respeito de João Köpke e as polêmicas sobre as cartilhas n.1 e n.2, ver Mortatti (2000a; 2015) e Ribeiro (2001).

compreender melhor a interlocução que Proença estabelecia com eles e, ao mesmo tempo, o lugar ocupado por esse professor na história da alfabetização no Brasil.

4.1. *Meu livro* (1909), *de Theodoro de Moraes*[21]

Figura 12 – Capa de *Meu livro*, nona edição, 1920

Fonte: Acervo de Maria Mortatti.

O professor Theodoro Jeronymo Rodrigues de Moraes (1877-1956), natural da capital paulista, diplomou-se pela Escola Normal de São Paulo em 1906, aos 29 anos de idade e, entre 1898 e 1934, exerceu diferentes funções no magistério

21 A respeito da formação e atuação profissional de Theodoro de Moraes e de seus livros para o ensino da leitura, ver Mortatti (2000a) e Pereira (2013).

público, em diferentes cidades paulistas, tendo sido redator--efetivo da *Revista de Ensino* a partir de 1908.

Entre outros livros para o ensino da leitura e artigos em revistas pedagógicas paulistas, Theodoro de Moraes é autor de *Meu livro*: primeiras leituras de accôrdo com o methodo analytico (1909), do livreto *A leitura analytica* (1909), e coautor, com Miguel Carneiro Junior, João Pinto e Silva e Mariano de Oliveira, do documento oficial *Como ensinar leitura e linguagem nos diversos anos do curso preliminar* (1911), publicado pela Diretoria Geral da Instrução Pública do estado de São Paulo.

Meu livro foi elaborado a partir de um plano apresentado por Oscar Thompson,[22] diretor-geral da Instrução Pública paulista e um dos propositores do método analítico para o ensino da leitura. Esse plano tinha sido já praticado por Theodoro de

22 Entre as iniciativas oficiais relacionadas ao método analítico para o ensino da leitura, no segundo momento crucial na história da alfabetização no Brasil, predominam as tomadas, diretamente ou mediante incentivo a professores, por Oscar Thompson, ao qual se encontravam, de alguma maneira, ligados aqueles que normatizavam, tematizavam e concretizavam esse método. Diplomado pela Escola Normal de São Paulo, em 1891, ex-aluno de Caetano de Campos e durante trinta anos atuando na instrução pública paulista, Thompson exerceu vários cargos no magistério e na administração escolar, destacando-se sua atuação como: diretor da Escola Normal de São Paulo (1901-20, com interrupções); Diretor-Geral da Instrução Pública do Estado de São Paulo (1909-10 e 1917-20); incentivador e divulgador do método analítico para o ensino da leitura e da produção de cartilhas assim como de experiências em Psicologia Científica e em bibliotecas escolares; criador da diretoria-geral da Instrução Pública do Estado de São Paulo (Dec. n.1885, de 6.6.1910); e propulsionador de iniciativas que inspirariam a reforma realizada por Sampaio Dória, em 1920. A esse respeito, ver Mortatti (2000a).

Moraes na Escola-Modelo Isolada Anexa à Escola Normal de São Paulo e por professores de grupos escolares da capital do estado.

Publicada depois de três anos de sua diplomação como professor, quando esse discípulo de Oscar Thompson tinha 32 anos de idade, *Meu livro* pode ser considerada a primeira cartilha elaborada por um brasileiro de acordo com o método analítico centrado na historieta e destinada a servir como modelo aos professores dos grupos escolares que ainda alegavam muitas dificuldades para ensinar a ler de acordo com esse "novo" método.

Por indicação de Thompson – quando no cargo de Diretor-Geral da Instrucão Pública do Estado de São Paulo –, *Meu livro* foi aprovado para adoção nas escolas públicas desse e de outros estados brasileiros, tendo sido publicados mais de 220 mil exemplares até a septuagésima edição, de 1950, por diferentes editoras paulistas: Augusto Siqueira & Comp., Tipografia Salles Oliveira e, a partir da 23ª edição, de 1936, pela Companhia Editora Nacional (Pereira, 2013).

4.2 *Nova cartilha analytico-synthética* (1916) e *Cartilha ensino-rapido da leitura* (1917), de Mariano de Oliveira[23]

O professor Mariano de Oliveira (1869-199?), natural de Piracicaba/SP, diplomou-se pela Escola Normal de São Paulo em 1888, aos 19 anos de idade, e exerceu diferentes funções no magistério público paulista, em diferentes cidades paulistas. Entre 1917 e 1927, ocupou o cargo de diretor da Escola

23 A respeito da formação e atuação profissional de Mariano de Oliveira e de seus livros para o ensino da leitura, ver Mortatti (2000a) e Sobral (2007a; 2007b).

Figura 13. Capas de *Nova cartilha analítico-sintética* e *Cartilha ensino-rápido de leitura*, de Mariano de Oliveira

Fonte: Acervo de Maria Mortatti.

Normal de São Carlos, que também foi ocupado, alternadamente nesse período, por Antonio Firmino de Proença.

Entre outros livros para o ensino da leitura e da aritmética – escritos individualmente ou em coautoria com Arnaldo de Oliveira Barreto e Ramon Roca Dordal – e artigos em revistas pedagógicas paulistas, Mariano de Oliveira é coautor dos dois documentos oficiais publicados pela diretoria-geral da Instrução Pública do estado de São Paulo: *Como ensinar leitura e linguagem nos diversos annos do curso preliminar* (São Paulo, 1911), de Theodoro de Moraes, Miguel Carneiro Junior, João Pinto e Silva e Mariano de Oliveira; e *Instrucções practicas...* (São Paulo, 1915), de Mariano de Oliveira, Ramon Roca Dordal e Arnaldo de Oliveira Barreto.

Publicada pela Companhia Melhoramentos de São Paulo (Weiszflog Irmãos Incorporada) depois de 28 anos de sua diplomação como professor, quando Mariano de Oliveira tinha 47 anos, a *Nova cartilha analytico-synthética* teve sua primeira edição em 1916, e a última, a 185ª, em 1955, com um total aproximado de 825 mil exemplares editados e distribuídos em diversos estados brasileiros (Sobral, 2007a, p.22).

A *Cartilha ensino-rapido da leitura*, também publicada por aquela editora, teve sua primeira edição em 1917 e a última, a 2.230ª, em 1996, tendo sido adotada em outros estados brasileiros e no Distrito Federal, com média de tiragem anual acima de 100 mil exemplares até 1969 e queda acentuada a partir de então.[24]

4.3. *Cartilha analytica (1909), de Arnaldo de Oliveira Barreto*[25]

O professor Arnaldo de Oliveira Barreto (1869-1925), natural de Campinas/SP, diplomou-se pela Escola Normal de São Paulo em 1891, aos 22 anos de idade. Como os professores mencionados anteriormente, exerceu diferentes funções no magistério público paulista, em diferentes cidades, e ocupou também o cargo de diretor da Escola Normal de São Paulo (1924-5), foi redator-chefe da *Revista de Ensino* e, entre 1915 e 1924, dirigiu a coleção Biblioteca Infantil, publicada pela Companhia Melhoramentos (SP).[26]

---

24 Informações extraídas da Exposição Virtual "Memorial da Educação" – Centro de Referência em Educação "Mário Covas". Disponível em: http://www.crmariocovas.sp.gov.br/memorial.php.

25 A respeito da formação e atuação profissional de Arnaldo de Oliveira Barreto e de seus livros para o ensino da leitura, ver Mortatti (2000a) e Bernardes (2015).

26 A respeito dessa coleção, ver especialmente a tese de doutorado de Ana Menin (1999), que orientei no Programa de Pós-Graduação em Letras da Unesp – câmpus de Assis.

Figura 14 – Capa de *Cartilha analitica*, 63ª edição, 1955

Fonte: Acervo de Maria Mortatti.

Entre outros livros para o ensino da leitura e de várias matérias escolares – escritos individualmente ou em coautoria com Romão Puiggari, Ramon Roca Dordal e Mariano de Oliveira, dentre outros –, textos de literatura infantil e artigos em revistas pedagógicas paulistas, Arnaldo Barreto é também coautor, com Mariano de Oliveira e Ramon Roca Dordal, do documento *Instrucções practicas...* (São Paulo, 1915).

Esse discípulo de Caetano de Campos é ainda autor de duas cartilhas publicadas pela Livraria Francisco Alves (RJ), depois de, respectivamente, uma e duas décadas de sua diplomação como professor, quando tinha aproximadamente 30 e 40 anos de idade. Trata-se de *Cartilha das mães*, com a primeira edição presumivelmente entre o final do século XIX e o início do século XX, pela Tipografia Siqueira (SP), e, a partir da

12ª edição, de 1911, pela Livraria Francisco Alves (RJ), com a 84ª edição, em 1963, pela mesma editora;[27] e de *Cartilha analytica*, com a primeira edição em 1909, e a última, a 74ª, em 1967, sempre pela Francisco Alves.

Como consta de um exemplar da 27ª edição, de 1926, a *Cartilha analytica* foi "Baseada sobre rigorosos princípios pedagógicos" e "Completamente refundida, e posta de acordo com as instruções recomendadas pela Diretoria Geral do Ensino Publico de S. Paulo". Consta, também, a dedicatória: "Ao Oscar Thompson, o mais decidido propagandista, no estado de São Paulo, do ensino da leitura pelo methodo analytico e ao Theodoro de Moraes, o seu mais fino executor, como preito da mais justa homenagem, offerece o Arnaldo". Ao fim da cartilha, para melhor entendimento do método nela proposto, encontra-se transcrito o documento *Instrucções practicas...* (São Paulo, 1915).

4.4. *Cartilha de alfabetização* (1923), de Benedicto Maria Tolosa[28]

O professor paulista Benedicto Maria Tolosa, natural da capital do estado, diplomou-se pela Escola Normal de São Paulo em 1891 e também exerceu diferentes funções no magistério público paulista, em diferentes cidades. Entre 1908 e 1912, foi redator-efetivo da *Revista de Ensino* e ocupou o cargo de inspetor-geral do ensino, no qual se aposentou, tendo sido substituído por Proença.

---

27 Informações extraídas da exposição virtual "Memorial da Educação" – Centro de Referência em Educação "Mário Covas". Disponível em: <http://www.crmariocovas.sp.gov.br/memorial.php>.

28 Até o momento, foram localizadas apenas informações esparsas sobre Benedicto Tolosa. A respeito de sua cartilha, ver Mortatti (2000a).

Figura 15 – Capa de *Cartilha de alphabetização*, 1923

Fonte: Acervo do NIPELL – Núcleo Interdisciplinar de Pesquisas sobre Ensino de Língua e Literatura / Unifesp-Guarulhos.

Publicada depois de 32 anos de sua diplomação como professor, a *Cartilha de alfabetização* teve a primeira edição em 1923. Essa cartilha também se baseava no método analítico centrado na historieta, considerando aspectos da atuação desse professor, como a defesa desse método que apresenta em uma série de cinco artigos publicados na *Revista de Ensino*, a partir do n.2, de setembro de 1911.

Com base em sua experiência como inspetor escolar, nesses artigos Tolosa expõe considerações gerais a respeito do ensino da leitura pelo método analítico e uma série de lições apresentadas como orientações e sugestões dirigidas, sobretudo, aos professores novos e àqueles "vencidos e não convencidos" do método (Tolosa, 1912, p.87). Para essas orientações, baseou-se em dois textos: *A leitura analytica* (1909), de Theodoro de

Moraes; e *Como ensinar leitura e linguagem...* (1911), de Theodoro de Moraes, Mariano de Oliveira, Pinto e Silva e M. Carneiro Junior. Ainda nesses artigos, Tolosa indica aos professores *Meu livro*, de Theodoro de Moraes, e *Cartilha das mães*, de Arnaldo Barreto, além dos livros de leitura de João Köpke e os de Francisco Vianna (Mortatti, 2000a, p.107).

4.5. *Cartilha infantil* (1908), de Carlos Alberto Gomes Cardim[29]

Figura 16 – Capa de *Cartilha infantil*, nona edição, 1919

Fonte: Acervo de Maria Mortatti.

29 A respeito da formação e atuação profissional de C. A. G. Cardim e de seus livros didáticos, ver Mortatti (2000a) e Pasquim (2015).

O escritor, historiador e professor Carlos Alberto Gomes Cardim (1875-1938), natural da capital paulista, diplomou-se pela Escola Normal de São Paulo em 1894, aos dezenove anos de idade. Entre 1908 e 1913, assessorou a reforma do ensino primário e secundário no estado do Espírito Santo; entre 1917 e 1919, participou da diretoria da Associação Beneficente do Professorado Público Paulista e exerceu vários cargos e funções em escolas da capital do estado, como professor e inspetor escolar, tendo sido, entre 1925 e 1928, também diretor da Escola Normal de São Paulo e fundador da Biblioteca Infantil "Caetano de Campos", junto à Escola-Modelo Primária anexa a essa escola normal.

Entre outros livros didáticos de diferentes matérias escolares, como "A música, pelo método analítico", Gomes Cardim teve publicada *Cartilha infantil (pelo método analítico)*, com a primeira edição em 1908, pela Augusto Siqueira & C., e a nona edição em 1919. Sobre essa cartilha publicada depois de catorze anos de sua diplomação como professor, quando tinha 33 anos de idade, até o momento, foram localizadas poucas informações, além de referências esparsas (Mortatti, 2000a, p.100).

4.6. *Cartilha (Leituras infantis) [1912], de Francisco Mendes Furtado Vianna*

O professor Francisco Furtado Mendes Vianna (1876-1935) diplomou-se pela Escola Normal de São Paulo, em 1895, e exerceu diversos cargos na instrução pública paulista e também no Rio de Janeiro (DF), onde atuou como inspetor escolar até seu falecimento.

Figura 17 – Capa de *Cartilha* (*Leituras infantis*), 48ª edição, 1945

Fonte: Acervo de Maria Mortatti.

Entre outros livros didáticos de várias matérias escolares, de artigos em revistas pedagógicas paulistas, Francisco Vianna é autor de duas cartilhas para o ensino da leitura, publicadas pela Francisco Alves (RJ) e aprovadas para uso em vários estados brasileiros: *Cartilha* (*Leituras infantis*), publicada aproximadamente dezessete anos depois de sua diplomação como professor, com a primeira edição presumivelmente em 1912 e a última localizada até o momento, a 48ª, em 1945; e *Primeiros passos* (*Leituras infantis*), com a primeira edição presumivelmente em 1913, na qual "o autor introduz uma parte, em cada lição, que permite aplicar o método de silabação" (Pfromm Neto; Dib; Rosamilha, 1974, p.162).

5. A original utilidade da *Cartilha Proença*

De autoria daqueles professores escritores didáticos citados por Proença no prefácio de sua cartilha, têm-se, portanto, em ordem cronológica de publicação, as seguintes cartilhas: *Cartilha infantil* (1908), de Carlos Alberto Gomes Cardim; *Meu livro* (1909), de Theodoro de Moraes; *Cartilha analytica* (1909), de Arnaldo de Oliveira Barreto; *Cartilha (Leituras infantis)* [1912], de Francisco Furtado Mendes Vianna; *Nova cartilha analítico-sintética* (1916) e *Cartilha ensino-rapido da leitura* (1917), de Mariano de Oliveira; *Cartilha de alfabetização* (1923), de Benedicto Tolosa.

Como se pode constatar, essas cartilhas têm diferentes títulos que indicam, por vezes, diferentes apropriações do método analítico, ainda que centrado na historieta, tendo sido publicadas em diferentes contextos educacionais relativos à institucionalização desse método de ensino da leitura (e escrita) na escola primária no segundo momento crucial da história da alfabetização no Brasil. Quando da publicação dessas cartilhas, seus autores, formados pela Escola Normal de São Paulo entre 1888 e 1906, tinham idades entre 32 e 47 anos e se encontravam em momentos importantes de sua trajetória profissional na relação com as disputas desse segundo momento.

As cartilhas de Gomes Cardim, Theodoro de Moraes e Arnaldo Barreto foram publicadas no final da década de 1910, com datas muito próximas entre si, tendo a publicação das de Moraes e de Barreto coincidido com a primeira gestão (1909-10) de Oscar Thompson junto à Diretoria-Geral da Instrução Pública Paulista.

As cartilhas de Mariano de Oliveira, por sua vez, foram publicadas quase uma década depois daquelas, em momento de efervescentes disputas entre os professores paulistas Mariano de Oliveira, Arnaldo Barreto, Gomes Cardim e o fluminense João Köpke, que geraram a carta aberta deste último. Foi também nesse momento que Thompson assumiu sua segunda gestão frente à Diretoria-Geral da Instrução Pública (1917-8) e propôs novos desafios, que culminaram, por exemplo, com a Reforma Sampaio Dória, de 1920. Justamente depois dessa reforma, já estando em vigência o princípio da "autonomia didática", foram publicadas as cartilhas de Tolosa e de Proença, com intervalo de três anos entre elas.

Em que pesem as diferenças, a interlocução desses professores escritores didáticos se dá naquele clima de *Belle Époque* educacional, para o qual contribuíram e no qual atuaram e elaboraram suas cartilhas. Embora pertencessem a diferentes gerações etárias, integraram uma extensa geração intelectual que constituiu a elite responsável pela fundação de uma nova tradição relativa ao ensino da leitura e escrita, característica do segundo momento na história da alfabetização no Brasil. Assim também tanto esses interlocutores diretos anunciados por Proença quanto suas cartilhas desfrutaram de prestígio no meio educacional da época e foram responsáveis pelo engendramento de aspectos da cultura escolar que nos foram transmitidos.

Proença foi um dos últimos dessa geração intelectual a se destacar como escritor didático, e sua cartilha foi uma das últimas elaboradas de acordo, explícita e programaticamente, com o método analítico para o ensino da leitura (e escrita). Além da interlocução direta e indireta com os de sua geração, em relação aos quais Proença sabia não ter apresentado proposta original, esse professor escritor didático explicitou sua interlocução direta com os alunos, a quem informa destinar sua cartilha. Nessa destinação, por sua vez, estava contida também a interlocução com os professores que ensinavam a ler e a escrever, em relação aos quais se concretizava, certamente, a utilidade de sua cartilha, anseio maior manifesto por Proença e traço mais distintivo que pretendeu conferir à sua proposta para a alfabetização na escola primária.

Como se evidencia pelo número de edições dessa cartilha e pelo período durante o qual circulou, Proença parece ter atingido seus objetivos. E o fato de a cartilha ter sido publicada nos estertores do segundo momento crucial não representou, portanto, empecilho para que fosse utilizada em sua época, nem tampouco para que exemplares fossem preservados em arquivos pessoais ou institucionais, propiciando, aos que desenvolvemos pesquisas históricas sobre alfabetização no Brasil, tomá-la como objeto de estudo.

Considerações finais

Para aqueles que se formam professores neste início de terceiro milênio, no âmbito do que denomino "quarto momento crucial" – ainda em curso – na história da alfabetização no Brasil e se formam como responsáveis pela nova ordem a ser construída sobre as "ruínas" do que consideram "tradicional" – cuja permanência, segundo certo senso comum pedagógico, caracteriza o atual clima de *Laide Époque* educacional[30] –, é sempre bom

30 Utilizo a expressão *Laide Époque* ("feia época", em tradução literal), em oposição à expressão "*Belle Époque* educacional", no sentido que expliciei neste artigo. Utilizo-as aqui com o objetivo de me referir, de forma

lembrar o que o professor Antonio Firmino de Proença, como os de sua geração intelectual, ensina: esse passado (remoto ou recente) acusado de "tradicional" e origem dos males do presente não é tão homogêneo nem tão antigo quanto o vão, ingênuo ou oportunista desconhecimento histórico de alguns possa fazer supor.[31]

Não se trata de exorcizá-lo ou defender seu regresso, mas de conhecê-lo e compreendê-lo, o que pode contribuir para a busca de nossa identidade e a compreensão de nosso lugar na história da alfabetização no Brasil, certamente cientes de que nosso risco é sermos considerados tradicionais – nós também – por nossos pósteros, os quais, se estivermos vivos, acusaremos de jovens arrogantes e ignorantes do passado. Ou, ao menos, para aprender com a história que projetos de alfabetização estão diretamente vinculados a projetos de nação.

E as professoras que ensinaram a ler e a escrever, na escola primária brasileira, por meio de cartilhas de alfabetização? Com algumas exceções, como Maria Guilhermina de Andrade e Altina de Freitas, somente conseguiram se tornar escritoras didáticas mais tardiamente, em especial a partir da década de 1930, no âmbito do que denominei "terceiro momento crucial"

---

sintética e por analogia, às características que identifico nos respectivos momentos cruciais na história da alfabetização no Brasil em relação ao contexto educacional, político, social, cultural e artístico do País.

31 Exemplo recente de oportunismo político educacional é a PNA – Política Nacional de Alfabetização, decretada em abril de 2019, como parte integrante de um projeto de nação reacionário e ultraconservador implementado pelo governo federal no período de 2019-22. Análise detalhada da PNA e da guinada para trás e pela direita imposta pelo decreto se encontra em Mortatti (2019b).

na história da alfabetização no Brasil. Certamente para isso contribuíram sobretudo as conquistas políticas, sociais, educacionais e culturais das mulheres, mas também, de certo modo, a atuação profissional e a produção didática dos professores escritores didáticos daquela elite intelectual, como Proença, que formou professores e professoras assim como dirigiu, inspecionou e orientou suas atividades docentes, diretamente ou por meio dos livros didáticos que elaborou.

Com novas urgências políticas e sociais, os homens foram gradativamente saindo da cena da escola primária brasileira, mas a tradição fundada naquele segundo momento crucial talvez tenha conseguido dar início a um processo histórico – sem, contudo, ter conseguido torná-lo atuante – contido, como desejo e profecia, na tradição herdada dos positivistas republicanos do século XIX, relativamente ao lugar da mulher como professora que ensina as crianças a ler e a escrever e, em decorrência, como escritora didática.

É isso![1]

No fim dos anos 1980, "conheci" Michel Thiollent – francês radicado no Brasil desde 1975, professor universitário e autor de vários livros e artigos em ciências sociais e humanas.[2] O encontro se deu por meio da leitura de seu livro *Metodologia da pesquisa-ação* (Thiollent, 1985), que, para muitos de minha geração e seguintes, representou o "ovo de Colombo" da pesquisa na área das humanidades. Depois de pouco mais de três décadas, tive a oportunidade de conhecê-lo pessoalmente, dessa vez como poeta que me presenteou com seu *Caderno*

1 Publicação original: Thiollent (2024).

2 Michel Thiollent, francês radicado no Brasil desde 1975, é professor universitário aposentado da Universidade Federal do Rio de Janeiro e professor visitante sênior no Programa de Pós-Graduação em Serviço Social da Universidade Federal da Bahia (2024-2025). É autor, entre outros, dos livros *Crítica metodológica, investigação social & enquete operária* e *Metodologia da pesquisa-ação*, de artigos em ciências sociais e humanas, organizador e tradutor de *Poesia em territórios áridos: poetas do Quercy* (2011), e autor de *Cahier de poésie (1966-1976)* (2014), *Cahier de poésie 2* (2017), de artigos sobre Louis Pergaud, Charles ab der Halden, Antonin Artaud e do ensaio "Maio de 1968 em Paris. Testemunho de um estudante" (1998).

de poesia 2, lançado em 2017. "Então era isso!", exclamei ao folheá-lo, "naquele primeiro livro que li já estava a alma de poeta?" De fato, aquela primeira impressão foi se confirmando com a leitura de outras publicações do autor e, mais recentemente, de *Caderno de poesia – 1966-1976* (2014) e da coletânea *Poesia em territórios áridos* (2011), edição bilíngue, em que se encontram suas traduções de poetas da região francesa do Quercy. E novamente se confirma com este *Caderno de poesia 3*, em edição bilíngue, francês-português, que tive a satisfação de ler e prefaciar. É um livro que, parafraseando o escritor e crítico literário Roland Barthes (1987), provoca prazer e fruição, nos interstícios das margens de sentido em diferentes níveis de leitura, que dá prova de que nos deseja como leitores e cuja leitura é capaz de arrancar um íntimo juízo: "É *isso*!".

Figura 18 – Capa de *Cahier de poésie 3/Caderno de poesia 3*, de Michel Thiollent

Fonte: Acervo de Maria Mortatti.

Mas o que é ou pode ser *isso*? Para o "autor-aprendiz de poesia" – como ele se autodenomina –, *isso* é "a subjetividade do poeta flanando no fluxo implacável do tempo ligado à rotação da Terra".[3] E com *isso* nos convida à leitura dos poemas breves, que evocam, com leveza e elegância sintática e vocabular, "situações, paisagens, sentimentos, angústias, juventude, velhice, esperanças de um viajante entre França e Brasil, ao longo de várias décadas", em "condensação de palavras e comentários recolhidos nos interstícios da vida cotidiana, ao acaso de acontecimentos recentes e lembranças de juventude".

Para esta leitora, é *isso*, mas não só. Há também outros *isso*, que se vão dando a conhecer à medida que acolhemos o convite para acompanhar o eu poético "Flanando pelas grandes avenidas imaginárias" ou "à beira do Sena", em seus devaneios de observador do fugidio, à semelhança da *flânerie* de Charles Baudelaire, ou nos monólogos solitários e delirantes do *Barco ébrio*, de Arthur Rimbaud, ou no voo de "pássaro migratório" em suas idas e vindas através do Atlântico.

Essas metáforas, que se desdobram em muitas outras, perpassam o conjunto dos poemas, conferindo ao aparente caos a unidade temática em torno do contínuo deslocamento no tempo-espaço, entre o frio das paisagens geladas e brumosas da infância nos campos de trigo de Yainville na Normandia, sua terra natal, depois na juventude em Paris e o calor das paisagens ensolaradas das praias dos Mares do Sul, para onde é levado a emigrar. Um incessante movimento de asas, pés, mente e coração – "Quantas vezes?", "De um lado para o outro/ da direita

3 Esta e demais citações diretas sem indicação expressa do nome do autor foram extraídas do livro em análise.

para a esquerda" –, em busca de "sensações selvagens", inspirado pelas musas inalcançáveis – *la Belle*, Ela, Dahlia, Aurélia, Avigix –; flanando nas ruas em meio à multidão ou navegando solitário entre brumas, no ritmo das *Gnossiennes & Gymnopédies* de Erik Satie, do jazz do trompetista Miles Davis ou do contrabaixista Beb Guérin, das canções do poeta e músico anarquista Léo Ferré e do cantor e compositor Jacques Brel, das danças folclóricas; pintando aquarelas imaginárias; colhendo perfume de flores – dálias, pervincas, rosas, papoulas, centáureas, narcisos. Em movimento sempre de partida, nos eflúvios da memória involuntária despertada pelas *madeleines* proustianas, em que se misturam e se harmonizam cores, sons, perfumes, evocando a distância do tempo na "floresta de símbolos" das "correspondências" de Baudelaire, "com a fluidez daquilo que jamais termina", no desdobramento infinito da nostalgia da mesma experiência acessível apenas pela recordação, associando-se, na expressão dos sentimentos, reminiscências do passado individual e coletivo, especialmente o contexto social e político francês e europeu depois da Segunda Guerra Mundial.

Não se trata, porém, de um movimento de "eterno retorno", nem de ciclos, nem de "progresso", mas do tempo da *durée*, o tempo de rememorar, em que as reminiscências, como formula Walter Benjamin (1985), "relampejam, no momento da rememoração, como um tempo saturado de 'agoras', que se imobiliza e define exatamente *aquele* presente" em que a percepção se transforma com a simultaneidade entre distância e proximidade – "Como é possível condensar momentos longos, monótonos,/ ou completamente entediantes,/ em instantes culminantes, para sempre inesquecíveis?" – e em que a memória é também atualização, no presente, da experiência vivida ou sonhada. É o momento em que o poeta se apropria de suas reminiscências – matéria-prima de sua poesia – registrando em seu *Caderno* "todos os detalhes da vida, saborosos ou tristes,/ [que] fervilham em minha cabeça,/ zumbindo como vespas em minha garganta".

O contínuo deslocamento no tempo-espaço, que caracteriza o movimento incessante do *flâneur*/navegante solitário/pássaro migratório, está também recriado nos recursos formais e expressivos presentes na construção dos poemas, com predomínio de versos livres e brancos, em tom de relato de reminiscências. Em todos se ressalta o labor poético, em que forma e conteúdo se compõem em harmonia e melodia, transfigurando liricamente reminiscências em versos e imagens poéticas cuidadosamente lapidados – "os dias escorregam no gelo", "Cantei todo o inverno no verão e todo o outono na primavera", "Esquecer o céu desdobrando as nuvens/ como um lenço de bolso/ onde eu espirro uma última esperança", ou em pequenas joias, como os poemas "Musas", "Campo de trigo", "Léxico", "Avigix". São reminiscências que relampejam no momento da rememoração, "recusando um luto remendado ao acaso,/ perfurado pela descontinuidade dos tempos".

É na simultaneidade entre continuidade-descontinuidade do tempo-espaço que no poema "Hoje", marcando o tempo saturado de "agoras", o momento da rememoração, pode-se encontrar uma chave do sentido das três metáforas de fundo: "Não estou mais viajando, minhas pernas estão rígidas,/ estou deitado de costas em frente a uma tela grande./ Ao lado de um último caderno/ onde estão os traços das lembranças da infância,/ de amores desaparecidos na névoa do tempo". E também do sentido das escolhas formais, como continentes do conteúdo poético, que se condensam no aparentemente simples título do livro: *Caderno de poesia*. Esse é o lugar físico e simbólico em que o "autor-aprendiz de poesia" anota, rabisca, corrige, recopia, passa a limpo, arranca páginas ilegíveis, como quem procura as palavras certas para nomear e salvar do esquecimento a experiência que se perde na névoa do implacável fluxo do tempo, para "delinear imagens do presente ou esboçar vislumbres de futuro" em um novo caderno sempre aberto na primeira página em branco. É o que parece sugerir o movimento do conjunto dos textos: das paisagens brumosas em que se inicia a viagem do eu poético, às paisagens ensolaradas e os faróis que iluminam o futuro: "O *Barco ébrio* evitou bater no *iceberg* do Titanic./ Conseguiu atracar no *Quai des Brumes*". Ou teria sido no cais da poesia?

É *isso* que *Caderno de poesia 3* despertou nesta leitora. "Se ela lesse o que escrevo, gostaria?", pergunta o poeta em "Inspiração". E outros leitores, também eles gostariam?, pergunto eu. Depois de leituras e releituras de prazer e fruição, posso afirmar que esse livro dá prova de que deseja muitos outros leitores. E pode arrancar ainda muitos outros *isso* dos que provarem da refinada poesia de Michel Thiollent, que vem se juntar às suas contribuições para as ciências sociais e humanas e a cultura brasileira e, também, para a literatura produzida deste e do outro lado do Atlântico. É *isso*!

Referências

ADORNO, Theodor W. O ensaio como forma. *In*: *Notas de literatura I*. Trad. Jorge Almeida. São Paulo: Duas Cidades; Editora 34, 2003, p.15-45.

ANDRÉ, Marli E. D. A. A evolução do ensino da didática. *Revista da Faculdade de Educação*, São Paulo, v.18, n.2, p.241-6, 1992.

ARIÈS, Phillipe. O *tempo da história*. Trad. R. L. Ferreira. Rio de Janeiro: Francisco Alves, 1989.

BAKHTIN, Mikhail. *Marxismo e filosofia da linguagem*. Trad. M. Lahud e Y. F. Viera. São Paulo: Hucitec, 1981.

BARRETO, Arnaldo de O. *Cartilha analytica*. 27.ed. Rio de Janeiro: Francisco Alves, 1926.

BARTHES, Roland. *O prazer do texto*. Trad. J. Ginsburg. São Paulo: Perspectiva, 1987.

______. *Fragmentos de um discurso amoroso*. Trad. H. Santos. 5.ed. Rio de Janeiro, 1985.

BAUDELAIRE, Charles. *Les fleurs du mal / As fores do mal*. Trad. Ivan Junqueira. Rio de Janeiro: Nova Fronteira, 1985. Edição bilíngue.

BELLEGARDE, J. Um bom livro. *Revista de Ensino*, n.1, p.75-9, abr. 1902 (Seção "Crítica sobre trabalhos escolares").

BENJAMIN, Walter. Sobre o conceito de história. *In*: *Magia, técnica. Arte, política:* ensaios sobre literatura e história da cultura. São Paulo: Brasiliense, 1985, p.222-32 (Obras escolhidas, v.1)

BENJAMIN, Walter. *Charles Baudelaire:* um lírico no auge do capitalismo. Trad. J. C. B. Martins e H. A. Baptista. São Paulo: Brasiliense, 1989. (Obras escolhidas, v.III)

______. O narrador – considerações sobre a obra de Nikolai Leskov. *In*: *Magia e técnica, arte e política*. Trad. Sérgio P. Rouanet. 3.ed. São Paulo: Brasiliense, 1987. (Obras Escolhidas, v.1)

BERNARDES, Vanessa Cuba. Arnaldo de Oliveira Barreto (1869-1925): atuação e produção para o ensino da leitura. *In*: MORTATTI, Maria do Rosário L. et al. (orgs.). *Sujeitos da história do ensino da leitura e escrita no Brasil*. São Paulo: Editora Unesp, 2015, p.93-102.

BERTOLETTI, Estela Natalina Mantovani. *Lourenço Filho e a alfabetização*: um estudo da *Cartilha do povo* e da *Cartilha Upa, cavalinho!* São Paulo: Editora Unesp, 2007.

BITTENCOURT, Circe Maria Fernandes. *Livro didático e conhecimento histórico:* uma história do saber escolar. Tese (Doutorado em Educação) – Departamento de História – FFLCH – Universidade de São Paulo, 1993.

______. *Livro didático e saber escolar (1810-1910)*. Belo Horizonte: Autêntica, 2008.

BLOCH, Marc. *Introdução à história*. Trad. M. Manuel e R. Grácio. 5.ed. Sintra: Europa-América, [1987].

BOSI, Ecléa. *Memória e sociedade*: lembranças de velhos. São Paulo: T. A. Queiroz, 1979.

BRECHT, Bertolt. A exceção e a regra. [1929/1931]. Trad. G. Campos. *In*: *Teatro completo*. 2.ed. Rio de Janeiro: Paz e Terra, 1994. V.4.

BRITO, Joaquim. A seriação dos livros de leitura. *Revista de Ensino*, n.2, p.180-3, jun. 1902 (Seção "Questões geraes").

CANDAU, Vera Maria (org.). *A didática em questão*. Petrópolis: Vozes, 1983.

CANDIDO, Antonio. O *discurso e a cidade*. São Paulo: Duas Cidades, 1995.

CARDIM, Carlos A. G.; MORAES, Theodoro J.; CARNEIRO JR., Miguel. Livros didacticos (parecer). In: *Annuario do Ensino do Estado de São Paulo*. São Paulo: Typ. Augusto Siqueira & Cia, p.391, 1908.

CARVALHO, Anna Maria Pessoa de. Memórias da prática de ensino. *Revista da Faculdade de Educação*, São Paulo. v.18, n.2, p.247-52, jul.-dez. 1992. (Relato).

CASTRO, Amélia Domingues de. A memória do ensino de Didática e Prática de Ensino no Brasil. *Revista da Faculdade de Educação*, São Paulo, v.18, n.2, p.233-40, jul.-dez. 1992. (Relato)

CAVALCANTE, Margarida J. *CEFAM*: uma alternativa pedagógica para a formação do professor. São Paulo: Cortez, 1994.

CHAUI, Marilena. Perspectivas para o futuro. *In*: JANCSÓ, I. (org.) *Humanidades, pesquisa e universidade*. São Paulo: Comissão de Pesquisa/FFLCH-USP, 1995, p.159-71.

DESCARTES, René. Carta a Mersennes, 1637 *apud* Prefácio. *In*: *Discurso do método*. Trad. M. E. Galvão, M. Stahel. São Paulo: Martins Fontes, 2001, p.XXV.

ENDE, Michael. *A história sem fim*. Trad. M. C. Caryl. 3.ed. São Paulo: Martins Fontes; Editorial Presença, 1986.

FABRE, Daniel. (org.). *Écritures ordinaires*. Paris: Centre Georges Pompidou/Bibliotheque Publique d'Information, 1993.

FOUCAULT, Michel. *A ordem do discurso*. Trad. Laura F. A. Sampaio. São Paulo: Loyola, 1996.

______. *Arqueologia do saber*. Trad. L. F. Baeta. Petrópolis: Vozes; Lisboa: Centro do Livro Brasileiro, 1972.

FREIRE, Paulo. *Conscientização: teoria e prática da libertação*: uma introdução ao pensamento de Paulo Freire. Trad. Kátia M. Silva. São Paulo: Cortez & Moraes, 1979.

GARCIA, M. Manuela A. *A didática no ensino superior*. Campinas: Papirus, 1994. (Coleção magistério: Formação e trabalho pedagógico)

GARCIA. M. Manuela A. O campo da didática no ensino superior: um enfoque histórico. *Educação & Realidade*, Porto Alegre, 20 (1), p.73-91, jan.-jun. 1995.

GAZOLI, Monalisa Renata. *Série de leitura Proença (1926-1928) e o ensino da leitura no Estado de São Paulo*. São Paulo: Cultura Acadêmica, 2011.

GENETTE, Gérard. *Palimpsestes*. La littérature au second degré. Paris: Seuil, 1982.

GERALDI, João Wanderley (org.). *O texto na sala de aula*: leitura & produção. Cascavel: Assoeste, 1984.

______. *Portos de passagem*. São Paulo: Martins Fontes, 1992.

______. *Linguagem e ensino:* exercícios de militância e divulgação. Campinas: ALB; Mercado de Letras, 1996.

GRISI, Rafael. *Didática mínima*. 10.ed. São Paulo: Nacional, 1978. (Atualidades Pedagógicas, 84)

______. *Didática mínima*. 4.ed. São Paulo: Ed. do Brasil, 1956.

______. *Didática mínima*. São Paulo: Ed. do Brasil, 1952a.

______. *Pedagogia e utopia* (O problema do "método didático universal"). Tese apresentada ao Concurso para Provimento da Cadeira de História e Filosofia da Educação da Faculdade de Filosofia, Ciências e Letras da Universidade de São Paulo. São Paulo, 1952b.

LARROSA, Jorge. Notas sobre narrativa e identidad e (a modo de presentación). *In*: ABRAHÃO, M. H. M. B. (org.). *A aventura (auto)biográfica*: teoria e empiria. Porto Alegre: EDIPUCRS, 2004, p.11-3.

LE GOFF, Jacques. Documento/Monumento. Trad. S. F. Borges. *In*: *Enciclopédia Einaudi: I. Memória-História*. Lisboa: Imprensa Nacional/ Casa da Moeda, 1984, p.95-106.

LEJEUNE, Philippe. *Le pacte autobiographique*. Paris: Seuil, 1975.

LIBÂNEO, José C. *Didática*. São Paulo: Cortez, 1984.

LUKÁCS, Georg. Narrar ou descrever? Contribuições para uma discussão sobre o naturalismo e o formalismo. *In*: *Ensaios sobre literatura*. Trad. Leandro Konder. 2.ed. Rio de Janeiro: Civilização Brasileira, 1968, p.47-100.

MAGNANI, Maria do Rosário Mortatti. Prefácio. *In*: *Leitura, literatura e escola*: sobre a formação do gosto. 2.ed. São Paulo: Martins Fontes, 2001 (1.ed., 1989)

______. *Em sobressaltos*: formação de professora. Campinas: Editora da Unicamp, 1993. (3.ed. rev. e atualizada, Oficina Universitária, Unesp/Marília, 2019)

MARIN, Alda Junqueira. Uma didática para o ensino de 1º e 2º graus. *In*: BERNARDO, M. V. C. et al. (Org.). *Pensando a Educação: ensaios sobre a formação do professor e a política educacional*. São Paulo: Editora Unesp, 1989, p.59-65.

MELHORAMENTOS. Contrato de cessão de direitos autorais, 1924.

______. Lista de edições dos livros de Antonio Firmino de Proença, 2008. (mimeo)

MENIN, Ana Maria da Costa Santos. *O patinho feio* de H. C. Andersen: o "abrasileiramento" de um conto para crianças. 1999, 280f. Tese (Doutorado em Letras) – FCL, Unesp, Assis, 1999.

MIGNOT, Ana Chrystina; CUNHA, Maria Teresa S. Razões para guardar: a escrita ordinária em arquivos de professores/as. Revista *Educação em Questão*, Natal, v.25, n.11, p.40-61, jan.-abr. 2006.

MORTATTI, Maria do Rosário Longo. O livro de Alzira. *Educação* (Santa Maria. Online), v. 38, p.55-74, 2013.

______. *Os sentidos da alfabetização*: São Paulo 1876/1994. São Paulo: Editora Unesp, 2000a. (2.ed. ver. e atualizada, 2021)

______. Notas sobre linguagem, texto e pesquisa histórica em educação. *Revista História da Educação*, 3 (6), p.69-77, jul.-dez. 1999.

______. Brasil, 2091. Notas sobre a "Política Nacional de Alfabetização". *Olhares: Revista do Departamento de Educação da Unifesp*, v. 7, n.3, p.17-51, 2019b.

______. Cartilha de alfabetização e cultura escolar: um pacto secular. *Cadernos CEDES*, São Paulo, ano 19, n.52, p.41-54, nov. 2000b.

______. *Educação e letramento*. São Paulo: Editora Unesp, 2004.

______. João Köpke (1852-1926) na história da alfabetização no Brasil. *In*: MORTATTI, Maria do Rosário L. et al. (orgs.). *Sujeitos da história do ensino da leitura e escrita no Brasil*. São Paulo: Editora Unesp, 2015, p.59-76.

______. *Métodos de alfabetização no Brasil:* uma história concisa. São Paulo: Editora Unesp, 2019a.

______. O texto na sala de aula: uma revolução conceitual na história do ensino de língua e literatura no Brasil. *In*: SILVA, Lilian L. M.; FERREIRA, Norma S. A.; MORTATTI, Maria R. L. (orgs.). *O texto na sala de aula:* um clássico sobre ensino de língua portuguesa. Campinas: Autores Associados, 2014a, p.5-28.

MORTATTI, Maria do Rosário Longo. O caderno de Daniella: esboço de uma autobiografia intelectual. *In*: MIGNOT, A. C; SAMPAIO, C. S.; PASSEGGI, M. C. (orgs.). *Infância, aprendizagem e exercício da escrita*. Curitiba: CRV, 2014b.

______. O "discurso fundador" de Smolka: alfabetização e produção de conhecimento como processos discursivos. *In*: GOULART, C.; GONTIJO, C. M. M.; FERREIRA, N. S. A. (orgs.). *A alfabetização como processo discursivo* – 30 anos de *A criança na fase inicial da escrita*. São Paulo: Cortez, 2017, p.179-202.

______. *Receita de ambrosia* – peça didática. São Paulo: Editora Unesp, 2020a.

______. Entre o ideal e o usual: a *Didática Mínima*, de Rafael Grisi. *Revista Brasileira de Estudos Pedagógicos*, v.82, n.200-01-02, 1° dez. 2001.

______. Ensaio para uma receita de brevidade (Quase-partitura de um cânone como oferenda musical). *In*: MENDONÇA, Sueli G. L. et al. (orgs.). *(De)formação na escola: desvios e desafios*. Marília: Oficina Universitária; São Paulo: Cultura Acadêmica, 2020b, p.19-32. (Livro resultante da 18ª. Jornada do Núcleo de Ensino, realizada em 2019).

______. et al. *Sujeitos da história do ensino da leitura e escrita no Brasil*. São Paulo: Editora Unesp, 2015.

______. Um livro-arraia. Blog Literatura & Educação. 2020c. Disponível em: https://www.mariamortatti.com.br/2021/12/um-livro-arraia.html

______. Antonio Firmino de Proença, escritor didático, e a *Belle Époque* educacional paulista. *Revista Brasileira de Alfabetização*, v.1, p.1-19, 2022.

______. Preface/Prefácio. *In*: THIOLLENT, M. *Cahier de poésie 3 / Caderno de poesia 3*. São Paulo: Scortecci Editora, 2024. p. 11-26. Edição bilíngue.

NADAI, Elza. *A educação como apostolado*: história e reminiscência (São Paulo 1930-1970). Tese (Livre-docência em Educação) – Faculdade de Educação, Universidade de São Paulo. São Paulo. 1991.

NAGLE, Jorge. *Educação e sociedade na Primeira República*. São Paulo: EPU; Rio de Janeiro: Fundação Nacional de Material Escolar, 1974.

NUNES, Clarice. Um projeto de interpretação para a pesquisa histórica em educação. *Tempo Brasileiro*. (RJ), n 124, p.35-54, jan.-mar. 1996.

OLIVEIRA, Maria. Rita N. S. *O conteúdo da Didática*: um discurso da neutralidade científica. Belo Horizonte: UFMG/PROED, 1988.

ORIANI, Angélica P. A atuação profissional e a produção escrita de Francisco Vianna (1876-1935) na história do ensino da leitura. In: MORTATTI, Maria do Rosário L. et al. (orgs.). *Sujeitos da história do ensino da leitura e escrita no Brasil*. São Paulo: Editora Unesp, 2015, p.103-16.

ORLANDI, Eni P. *A linguagem e seu funcionamento:* as formas do discurso. 2.ed. Campinas/SP: Pontes, 1987.

PASQUIM, Franciele Ruiz. *Antonio da Silva Jardim na história do ensino de leitura e escrita no Brasil*. São Paulo: Cultura Acadêmica; Marília: Oficina Universitária, 2022.

______. Ramon Roca Dordal (1854-1938) e Carlos Alberto Gomes Cardim (1875-1938) na história da alfabetização no Brasil. *In*: MORTATTI, Maria do Rosário L. et al. (orgs.). *Sujeitos da história do ensino da leitura e escrita no Brasil*. São Paulo: Editora Unesp, 2015, p.77-92.

PEREIRA, Bárbara Cortella. *Theodoro de Moraes na história da alfabetização no Brasil*. São Paulo: Editora Unesp, 2013.

PFROMM NETO, Samuel; DIB, Carlos Z.; ROSAMILHA, Nelson. *O livro na educação*. Rio de Janeiro: Primor/INL, 1974.

PROENÇA, Antonio Firmino de. *Cartilha Proença*. São Paulo: Companhia Melhoramentos de São Paulo (Weiszflog Irmãos incorporada), [1926].

PROPP, Vladimir I. *Morfologia do conto maravilhoso*. Trad. Jasna P. Sarhan. Rio de Janeiro: Forense Universitária, 1984.

RAZZINI, Márcia de Paula Gregório. Proença, autor didático da Melhoramentos, e o mercado de livros escolares em São Paulo. *In*: RAZZINI, Márcia de Paula Gregório (org.). *Antonio Firmino de Proença*: formador, autor. São Paulo: Porto de Ideias, 2010, p.61-80.

RIBEIRO, Neucinéia Rizzato. *Um estudo sobre* A leitura analytica *(1896), de João Köpke*. 2001. 62f. 66f. Trabalho de Conclusão de Curso (Graduação em Pedagogia) – FFC, Unesp, Marília, 2001.

RODRIGUES, João L.; BRITO, Joaquim L.; PEREIRA, Antonio R. A. Parecer a que o acto se refere. *Revista de Ensino*, n.2, p.254-7, jun. 1904 (Seção "Actos officiaes").

SANTOS, Luana Grazielle dos. *Cartilha da infância*, de Thomaz Galhardo (1855-1904). *In*: MORTATTI, Maria do Rosário L. et al. (orgs.). *Sujeitos da história do ensino da leitura e escrita no Brasil*. São Paulo: Editora Unesp, 2015, p.23-34.

SÃO PAULO. DIRECTORIA Geral da Instrucção Publica. *Como ensinar leitura e linguagem nos diversos annos do curso preliminar*. São Paulo: Siqueira, Nagel & Comp., 1911. (Pelos inspetores escolares Miguel Carneiro, J. Pinto e Silva, Mariano de Oliveira e Theodoro de Moraes).

______. *Instrucções practicas para o ensino da leitura pelo methodo analytico* – modelos de lições. São Paulo: Typographia do Diario Official, 1915. (Por Mariano de Oliveira, Ramon Roca Dordal e Arnaldo de Oliveira Barreto).

SCHOLES, Robert. *Protocolos de leitura*. Trad. Lígia Guterres. Lisboa: Edições 70, 1992.

SILVÉRIA, Alzira. *Será que fui eu?* São Paulo: Scortecci, 2005.

SMOLKA, Ana Luiza. *A criança na fase inicial da escrita*. São Paulo: Cortez, 1988.

SOARES, Magda B. Didática, uma disciplina em busca de sua identidade. *ANDE*, São Paulo, ano 5, n.9, p.39-42, 1985.

SOARES, Magda. *Alfabetização e letramento*. São Paulo: Contexto, 2002.

______. *Letramento*: um tema em três gêneros. Belo Horizonte: Autêntica, 1988.

SOBRAL, Patrícia de Oliveira. *Um estudo sobre* Nova cartilha analytico-synthética *(1916), de Mariano de Oliveira*. 2007a. 92f. Trabalho de Conclusão de Curso. (Graduação em Pedagogia) – FFC, Unesp, Marília, 2007a.

SOBRAL, Patrícia de Oliveira. Um estudo sobre *Nova cartilha analytico-synthética* (1916), de Mariano de Oliveira. *Revista de Iniciação Científica*. Universidade Estadual Paulista, Marília, v. 7, n.3, p.343-56, 2007b.

STAROBINSKI, Jean. A literatura: o texto e seu intérprete. *In*: LE GOFF, J.; NORA, P. (dir.). *História*: novas abordagens. Trad. H. Mesquita. Rio de Janeiro: Francisco Alves, 1988, p.132-43.

TANURI, L. História da formação de professores. *Revista Brasileira de Educação*, n. 14, maio.-jun.-jul.-ago. 2000, p.61-88.

TFOUNI, Leda Maria V. *Adultos não alfabetizados*: o avesso do avesso. Campinas: Pontes, 1988.

______. *Letramento e alfabetização*. São Paulo: Cortez, 1995.

THIOLLENT, Michel. *Metodologia da pesquisa-ação*. São Paulo: Cortez Editora, 1985. (18.ed., 2022)

TOLOSA, Benedicto M. O ensino da leitura. *Revista de Ensino*, n.1, p.86-100, mar. 1912. (Seção "Em classe e para a classe").

VEIGA, Ilma P. A. (coord.) *Repensando a didática*. Campinas: Papirus, 1988a.

______. Didática: uma retrospectiva histórica. *In*: *Repensando a didática*. (coord.) Campinas: Papirus, 1988b, p.25-40.

VYGOTSKY, Lev Seminovich. *A formação social da mente*. Trad. J. Cipolla Neto e outros. São Paulo: Martins Fontes, 1989.

SOBRE O LIVRO

Formato: 13,7 x 21 cm
Mancha: 23,4 x 38,6 paicas
Tipologia: Venetian 301 12,5/16
Papel: Off-white 80 g/m² (miolo)
Cartão Triplex 250 g/m² (capa)

1ª edição Editora Unesp: 2025

EQUIPE DE REALIZAÇÃO

Capa
Marcelo Girard

Imagem de capa
shuoshu / iStock

Edição de texto
Silvia Massimini Felix (Copidesque)
Carmen T. S. Costa (Revisão)

Editoração eletrônica
Sergio Gzeschnik

Assistente de produção
Erick Abreu

Assistência editorial
Alberto Bononi
Gabriel Joppert

Rettec artes gráficas e editora

Rua Xavier Curado, 388 • Ipiranga - SP • 04210 100
Tel.: (11) 2063 7000
rettec@rettec.com.br • www.rettec.com.br